やさいの生まれた土地

やさいはそれぞれに生まれた土地があります。

旧《きゅう》ソ連《れん》の植物学者ヴァヴィロフは、1951年に「作物の八大中心地」を説《と》き示《しめ》しました。どのやさいがどんなところで生まれたのか、地図でたしかめてみましょう。

1　**中国**：ソバ、ハクサイ、ダイズ、アズキなど
2　**インド～マレー**：イネ、ナス、キュウリ、ゴマ、サトイモ、バナナなど
3　**中央アジア**：タマネギ、ホウレンソウ、ソラマメ、ダイコン、リンゴなど
4　**西アジア**：コムギ、ライムギ、ニンジンなど
5　**地中海**：エンドウマメ、キャベツ、レタス、アスパラガスなど

トマトの色の濃《こ》さは、果皮《かひ》と果肉の色に関係《かんけい》しています。この本でしょうかいしている赤や黄色、だいだい色のほかに、緑やむらさきもあります。

緑色の「青ナス」（上）や、白い色をした「白ナス」（中央《ちゅうおう》）、細長いかたちをした「長ナス」（下）など、ナスにもいろいろな種類《しゅるい》があります。

世界にはトウモロコシを使った料理《りょうり》がいくつもあります。これは、粉《こな》にしたトウモロコシをうすく焼《や》いたトルティーヤに、肉ややさいをのせて食べるメキシコの料理です。

ハバネロのおもな産地《さんち》はメキシコで、丸みのあるかわいらしいかたちをしています。大きさは２～５センチメートルですが、とてつもないからみを持っています。

藤田 智のおもしろやさい学

どうしてトウモロコシにはひげがあるの？

藤田 智

もくじ

はじめに

みなさんは、「やさい」について考えたことはありますか。「やさいをしっかり食べなきゃならん」とか、「ニンジンやピーマンぎらいをこくふくしよう」とか、「スイカやメロンは食べているけど、キャベツやハクサイはあまり食べないなあ」などと思っていませんか。

わたしは、やさいを専門《せんもん》に研究して三五年になろうとしています。この間、やさいのいろいろなことについて学んできました。原産地《げんさんち》や産地の移《うつ》りぐあい、遺伝《いでん》や育種《いくしゅ》※、栽培《さいばい》、栄養《えいよう》、病気や虫害《ちゅうがい》、経営《けいえい》のことなど、はば広い内容《ないよう》です。それでも、少しくわしくなったのかなと思うくらいで、実際《じっさい》はまだまだ学ぶべきことがあると思っています。

わたしは、やさいを食べるにあたって考えることがありま す。それは、「一番おいしく食べられるのはいつだろうか」と いう点です。いつ食べたらおいしいのか、それは「旬《しゅん》」といわ れるときです。旬と一口にいいますが、それぞれのやさいにとっ て、旬はことなります。

たとえば、キュウリの旬は、開花後七日ほどのわかいもの です。ナスは開花後二〇～二五日、トマトは完全《かんぜん》に熟《じゅく》してから 食べます。トウモロコシは開花後二〇～二五日のつやがあるも のを、エダマメは手でおすとつぶが飛《と》び出しそうなくらいのも のを収穫《しゅうかく》します。スイカ、メロンは完熟したものがおいしいです。

というように、おいしさは、ものによって大きくちがうの です。ですから、一口に「旬がおいしい」といっても、季節《きせつ》や 実がついてから収穫するまでの時間によってちがうのです。

おいしいやさいを食べるためには、やさいについていろんなことを、できるだけ多く学ぶ必要《ひつよう》があります。この本を開いて、おおいに勉強してください。そして、できれば栽培《さいばい》をしてみてください。一つでも二つでもよいのです、育ててみてくださいさい。スーパーや八百屋で見なれているはずのやさいが、どのようにして作られているのかを、自分の体で学ぶとてもよいチャンスです。

そして最後に、そのやさいを食べて感じてください。やさいの本当の「旬《しゅん》」というものを。

※育種《いくしゅ》　農作物や家畜《かちく》の改良品種《かいりょうひんしゅ》を作り出すこと。

やさい　ふしぎ？

おいしさ！

季節《きせつ》

旬

1

やさいの基礎《きそ》ちしき

「やさい」ってなに？

「やさい」という言葉を辞書《じしょ》で引いてみると、「おかずにして食べるために畑などに作る植物。あおもの。」と書かれています。これをもう少しくわしくいうと、「おもにおかずとして利用《りよう》する食用の草本《そうほん》植物をまとめて言い表したもの」ということになります。「草本植物」とは、「地上に出ている部分がやわらかく、木ではない植物」のこと。そう、やさいは「植物」なのです。

やさいの分類《ぶんるい》

みなさんは、植物にはいろんな種類《しゅるい》があることを知っていますね。にた種類のものをまとめていくつかの集まりに分けることを、「分類」といいます。

植物の分類

アブラナ科の場合

(門) 被《ひ》子《し》植物門　　裸《ら》子《し》植物門

(綱《こう》) 双《そう》子《し》葉《よう》植物綱　　単《たん》子《し》葉《よう》植物綱

(目) フウチョウソウ目

(科) アブラナ科

(属《ぞく》) アブラナ属

(種) キャベツ

やさいをふくむ「科」の種類

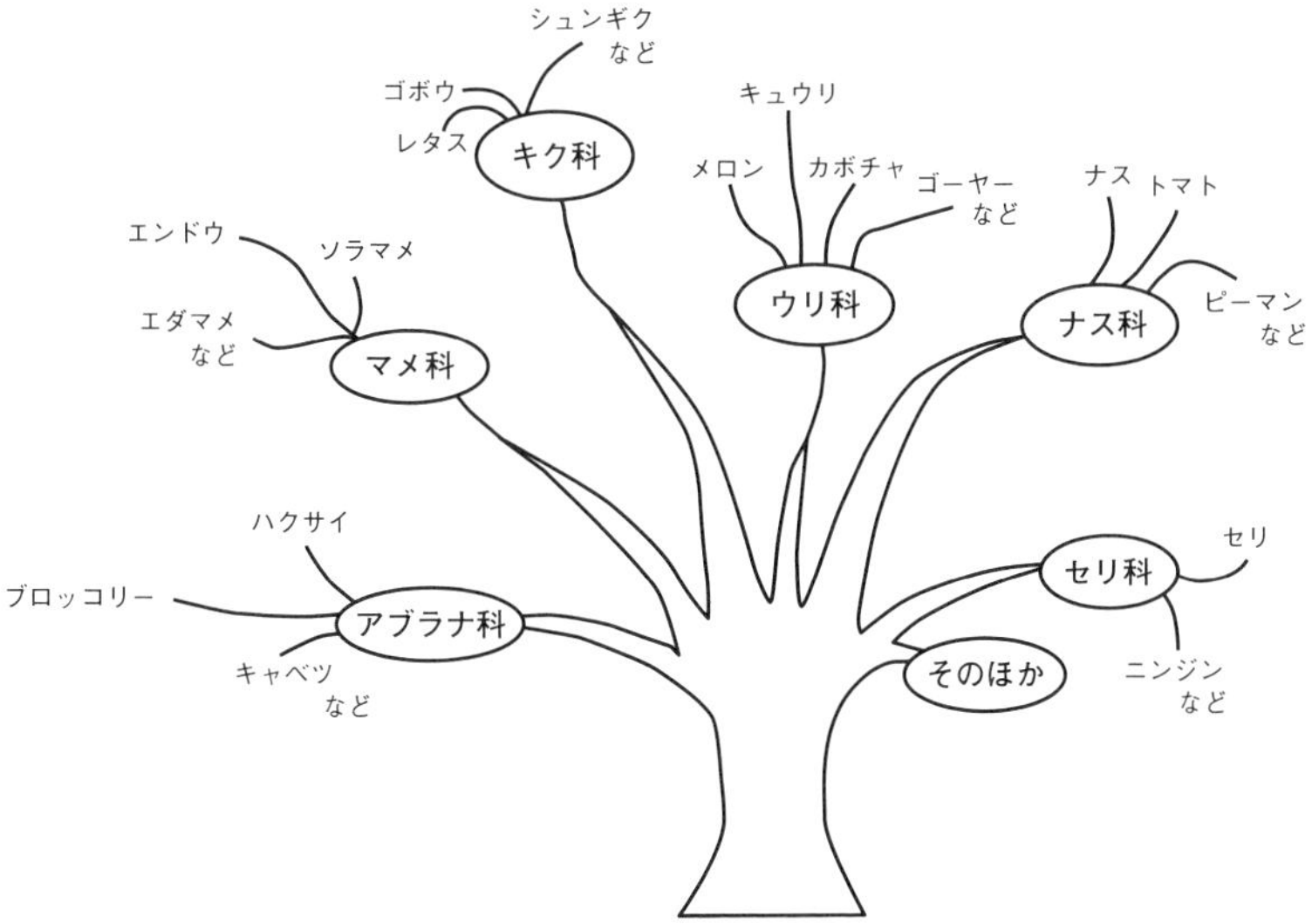

それではまず、植物の分類《ぶんるい》についてお話ししましょう。

植物の分類は、おもに花のかたちや構造《こうぞう》の差《さ》を基準《きじゅん》に分けられますが、成長《せいちょう》の習性《しゅうせい》や葉の大きさやくきの太さ、種子《しゅし》の構造なども参考《さんこう》にされます。この分類に重要《じゅうよう》なのが、「門、綱《こう》、目、科、属《ぞく》、種」です。中でも大事なのは「科」で、英語では「ｆａｍｉｌｙ《ファミリー》」といいます。

前のページの「やさいをふくむ『科』の種類」からもわかるように、「科」にはいろいろなものがあります。ここで気づいた人もいるでしょう。科の中に、植物の名前にまじってマメ科、ウリ科、ナス科など、やさいの名前がついているものがあることに。この分類のもとは、一六〇〇年代後半にフランスの植物学者によって考えられました。

次に、アブラナ科を例《れい》にして、改良品種《かいりょうひんしゅ》（ことなる品種をかけ合わせて、よりよい新しい品種を作り出すこと）が、どうやってできるのかを、説明《せつめい》してみましょう。

アブラナ科には、三つのことなる種類があります。まず、コマツナ、ハクサイ、ミズナなどのAグループ、ついでクロガラシなどのBグループ、そして、キャベツ、ブロッコリー、カリフラワーなどのCグループです。これらの三種類《しゅるい》が入りみだれて交配《こうはい》してそれぞれ雑種《ざっしゅ》を作り、あちこちに勢力《せいりょく》を広げていました。そして、いつしか人の移動《いどう》とともに世界各地《かくち》に広がり、やがて改良され、その土地に合ったハクサイやコマツナ、キャベツなどの新しい品種が生まれました。こうした交配や広がりは、植物

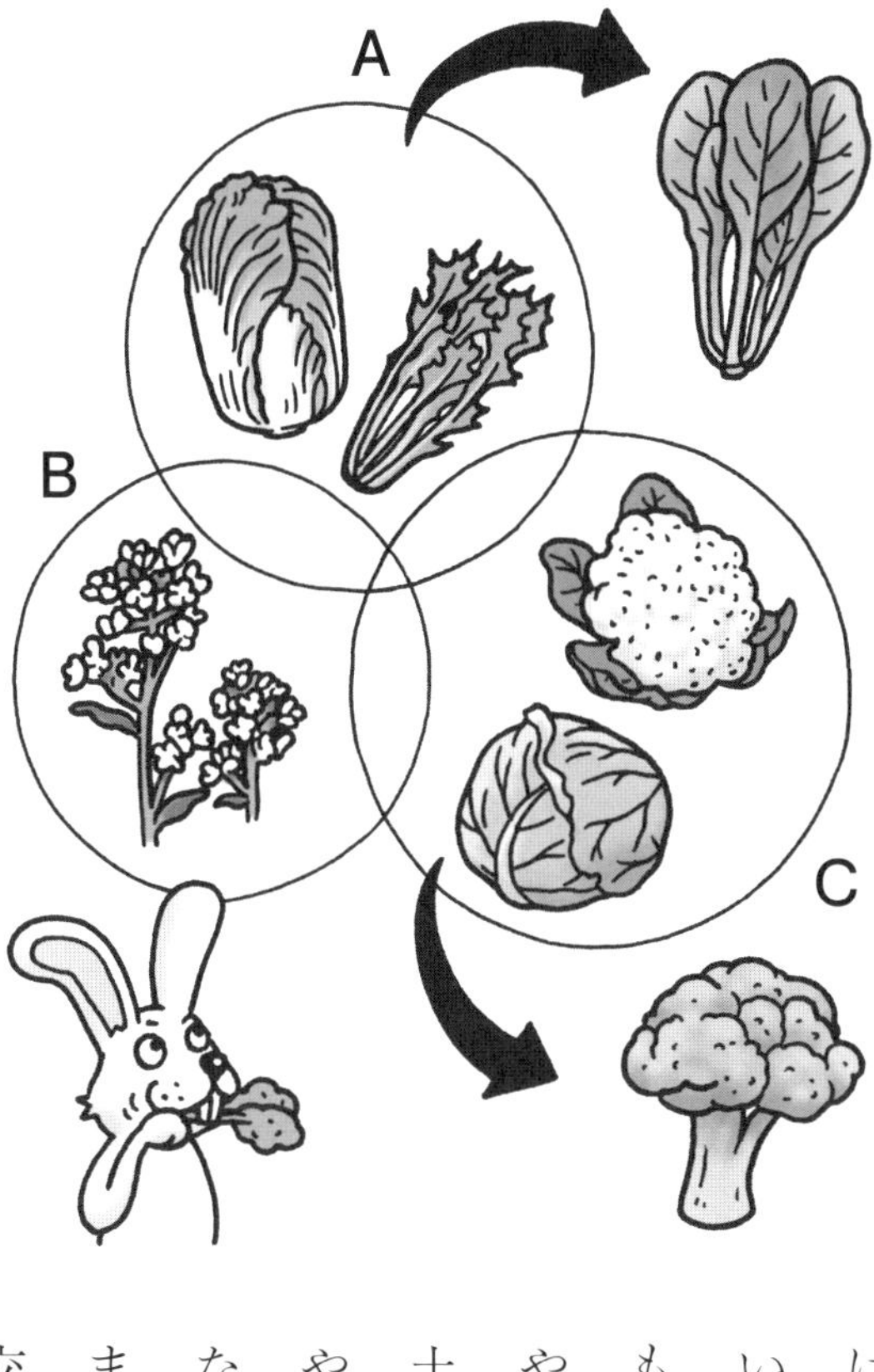

の習性《しゅうせい》の一つです。

また、トマト、ナス、ピーマン、ジャガイモはかたちも色も味もことなりますが、どれもナス科に属《ぞく》し、同じような土質《どしつ》や肥料《ひりょう》を好《この》みます。そして、同じような「青枯《あおが》れ病[※1]」や「半身萎凋《はんしんいちょう》病[※2]」などの連作障害《れんさくしょうがい》（同じ畑に毎年同じ科のやさいを植えつけると、必《かなら》ず見られる虫の害や病気）にかかることもわかっています。これは、同じ分類《ぶんるい》のグループごとにいえることなのです。

やさいは、ほかの植物の分類と方法《ほうほう》はまったく同じですが、人間によって栽培《さいばい》され、多くの改良品種《かいりょうひんしゅ》が作りつづけられているという、特徴《とくちょう》があります。

※1青枯れ病　緑色のままかれてしまう病気。

※2半身萎凋病　苗《なえ》が半分だけ黄色くなってかれてしまう病気。

どの部分を食べているのか？

それでは、いったいわたしたちは、やさいのどこを食べているのかを、説《せつ》明《めい》しましょう。

植物のからだは、いくつかに分けることができます。「葉」「くき」「根」、そして「花やつぼみ」「実」です。

このことを頭に置《お》いて、やさいを食べる部分によって大きく分けると、「果実《かじつ》や子実《しじつ》（わかい種子）を食べる果菜《かさい》類」「葉やくき、花やつぼみを食べる葉菜《ようさい》類」「根や地中の部分を食べる根菜《こんさい》類」となります。やさいを分類するための特徴はいくつもありますが、果菜類、葉菜類、根菜類に分ける方法は、食べる部分によって分類しています。

果菜類《かさいるい》	トマト、ナス、ピーマン、キュウリ、スイカ、カボチャ、メロン、トウモロコシ、エダマメ、インゲン、オクラ、イチゴ、ヘチマ、ゴーヤ、エンドウ、ソラマメ　など
葉菜類《ようさい》	ハクサイ、キャベツ、カリフラワー、コマツナ、ブロッコリー、ミズナ、レタス、リーフレタス、コスレタス、セロリ、パセリ、チコリー、シュンギク、ホウレンソウ、クウシンサイ　など
根菜類《こんさい》	ダイコン、ニンジン、ゴボウ、カブ、※1ビート、サツマイモ、ジャガイモ、サトイモ、※2アピオス、※3ヤーコン、キクイモ、ヤマイモ、ユリネ　など

※1　テンサイのなかま　※2、3　イモのなかま。アピオスはジャガイモに、ヤーコンはサツマイモににている。

やさいは種《たね》をまくと、二まい、あるいは一まいの子葉が出て、その次に本葉が出て、成長《せいちょう》がはじまります。すると実がついたり、葉の部分が玉になったり、根が太ってきたりします。わたしたちは、それらの部分を大きくするために、やさいにいろいろと工夫《くふう》をしています。

たとえば、ジャガイモ。最初《さいしょ》にジャガイモを植えて、芽《め》が出たら、「芽かき」（たくさん出ている芽から、大きいもの二本ぐらいにすること）をします。そして、二回ほど肥料《ひりょう》をあたえて土をよせます。これを「追肥《ついひ》」と「土よせ」といいますが、これらがイモを大きくするポイントになります。

トマトでは、実を大きくするために、葉っぱが栄養《えいよう》を作り、葉からくきを通って実の方へ栄養が流れていきます。このため、わき芽（葉のつけ根からのびる芽）をとって、実に栄養が行きやすくします。

このように、やさいのどこを食べるのかによって、大きくする部分が決まり、栽培方法《さいばいほうほう》も変《か》わってきます

根？　葉？　それとも実？

さて、ではそれぞれのやさいについて、やさいのどこを食べているのか、くわしく見ていきましょう。

まず、ブロッコリーはどこを食べているのでしょうか？　あの緑色のかたまりは、いったいなんでしょう？

答えは、花のつぼみです。わたしたちは、ブロッコリーという植物の花のつぼみを食べていたのです。

おや？　ブロッコリーとにたようなやさいがありますよね。カリフラワーです。カリフラワーの色は白ですが、あれもつぼみを食べているのでしょうか？

そうです、つぼみを食べています。あの白いつぼみも、時間がたつと緑に変《か》わってきて、やがて黄色の花をさかせます。

またまた質問《しつもん》です。アスパラガスは、どこを食べているのでしょうか？

よーく見ると……

アスパラガスは四～五月にかけて、さかんに芽《め》を出し、のびた三〇センチメートルくらいのところをかり取ります。アスパラガスをかり取らず、さらに育ててみたことはありますか？　そのまま育ててゆくと、やがて枝《えだ》を出し、葉のようなものを出して、成長《せいちょう》します。

「葉のような」と言いましたが、それは葉ではありません。葉は、左の写真のぽつりぽつりとついている「はかま」とよばれる部分です。ですから、葉だと思われているもののことを「擬葉《ぎよう》」とよびます。

となると、答えは出てきそうですね。アスパラガスとしてわたしたちが食べている部分は、くきということになります。同じようにくきを食用にするものに、タケノコやウドなどがあります。

さらにもう一つ質問《しつもん》です。ジャガイモ、サツマイモ、サトイモは根菜類《こんさいるい》ですが、いったい植物のどのあたりを食べているのでしょうか？　これはちょっとむずかしい問題ですよ。

擬葉
はかま

まずジャガイモですが、ジャガイモは、イモが太るときにストロンという「ほふく枝《し》（地上近くをはってのびるくきのこと）」をのばします。ジャガイモはその先がふくらんだものです。したがって、「塊茎《かいけい》（地下のくきが、かたまりになったもの）」というのが、正解《せいかい》です。

ジャガイモが日に当たると緑色になるのは、ジャガイモがくきだからといえるでしょう。緑色の部分には毒《どく》があり、食中毒を起こすので、くれぐれも食べないように気をつけてください。

次にサツマイモですが、これは「塊根《かいこん》」といい、根が太ったものです。根を大きく育てるにはいろいろと工夫《くふう》が必要《ひつよう》で、太く育つ根を「塊根」、太く育たない根を「ゴボウ根」などとよびますが、なぜ、このような根ができるのかは、ちょっと不明です。

いっぽう、サトイモは、種《たね》イモを植えるとその上に親イモができ、親イモにくっついて小イモができます。小イモからは葉っぱも出るので、イモが多くできているものは、葉も多くついているということになります。サトイモのかたちは球形《きゅうけい》ですので、「球茎《きゅうけい》」といいます。

では、最後《さいご》の質問《しつもん》。ダイコンの根に関《かん》する問題です。

ダイコンが、すべて根だと思っている人もいるでしょう。いいえ、ちがうのです。根とくきから構成《こうせい》されているのがダイコンです。では、どこからが根で、どこからがくきか、答えてください。

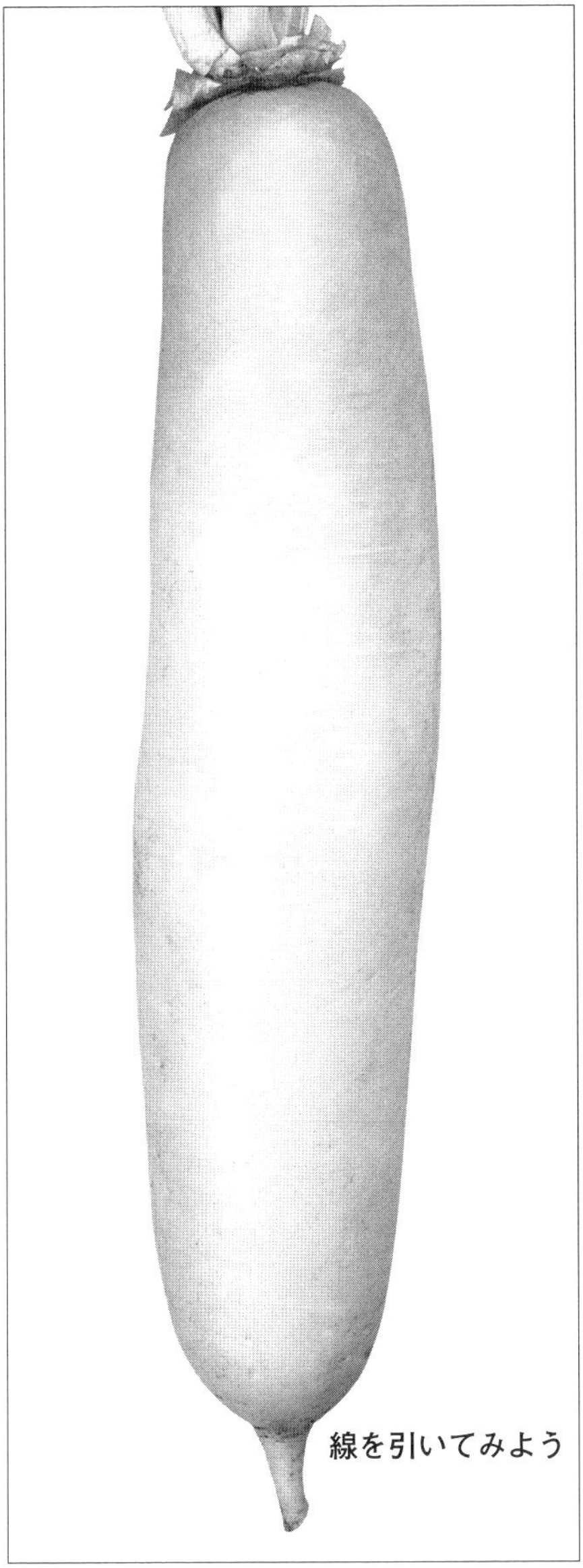

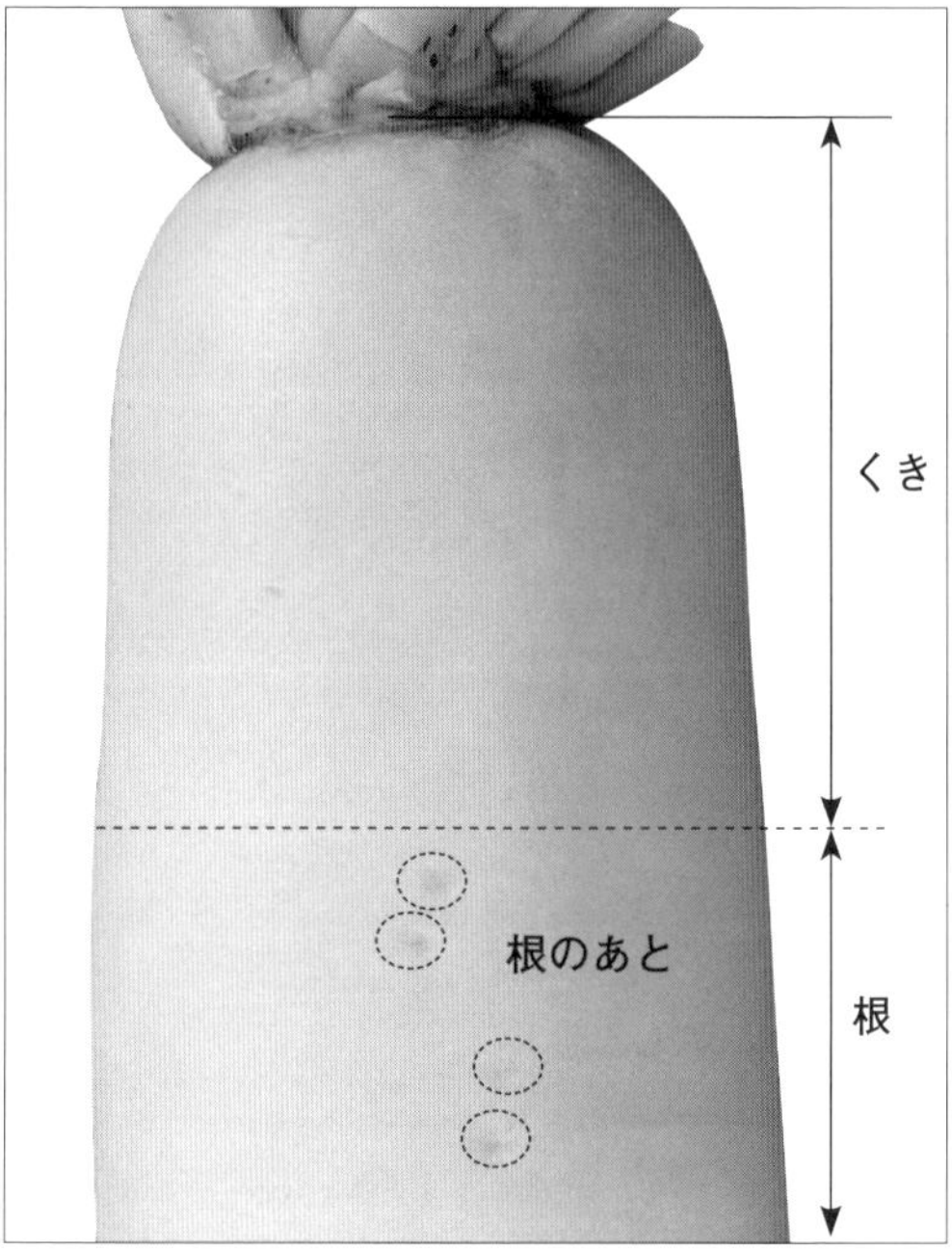

答えは、小さな根が二列に走っているところまでが根で、とちゅうで根がなくなっているところからが、くき（ダイコンの芽《め》生えの胚軸《はいじく》）です（一四〇ページでも説明《せつめい》しています）。

このように、ふだんわたしたちが口にしているやさいでも、自分がどこを食べているのか、意外と知らないことがあるのではないでしょうか。

考えれば考えるほどふしぎな植物ですね、やさいとは！

未熟《みじゅく》なものと完熟《かんじゅく》なもの

さて、やさいには、収穫《しゅうかく》するときに未熟※1な状態《じょうたい》で収穫するものと、完熟※2で収穫するものとがあります。かんたんに言えば、わかいうちに収穫するか、年を取ってから収穫するか、ということです。

まず、未熟なものを収穫するやさいには、キュウリ、ピーマン、ナス、エダマメ、トウモロコシなどがあります。キュウリは開花した後、二〇センチメートルくらいで収穫します。これは、キュウリは成長《せいちょう》が早く、一日に三センチメートルほどのびると計算すると、一週間であっという間に二〇センチメートルをこえてしまい、味も悪くなるからです。

ナスは開花した後、二〇～二五日目のものをとります。これは、果実《かじつ》の表面が「てり」でかがやき、果実の中にまだ種子《しゅし》などが目立たないときにとるのが望《のぞ》ましいことを意味します。

あれれ？　それじゃあ、果実の表面がかがやかなくなるときがあるの？

これが、あるんです。開花後、三五～四〇日もすると果実はやたらと大きくなり、表面にはすっかり「てり」がなくなってしまいます。このようなナスを収穫《しゅうかく》し、わって中を見てみると種子だらけで食べられそうにありません。

そんなナスを、昔からなんとよぶかって？　答えは、「ボケナス」です。ボケナスを収穫することだけは、さけたいですね。

エダマメとトウモロコシは、開花した後、二〇～二五日目の子実を食べます。このころまではやさいに分類《ぶんるい》されますが、これ以上《いじょう》種子がかたくなると、マメ類、穀類《こくるい》というべつの作物になってしまいます。同じやさいでも、成長《せいちょう》の度合いで分類が変《か》わるなんて、やっぱりやさいはおもしろいですね。

さて、これらの未熟《みじゅく》なやさいに対し、トマトやミニトマト、スイカ、メロン、カボチャなどは熟してから収穫します。

トマトは、真っ赤に熟した五五〜六〇日くらい、ミニトマトは三五〜四〇日くらいで収穫するのが一番おいしくなります。ところがお店で買ったものは、たしかに色は赤いのですが、あまみが少し足りません。これはどうしたことでしょう。

理由は、半分ほど赤くなったときに収穫したものだからです。色は温度があると自然《しぜん》と着色してくるので、赤みだけがまして、糖分《とうぶん》はふえないため、あまみの少ないトマトとなるわけです。

いっぽうスイカは、大玉スイカで四五〜五〇日、小玉スイカで三五〜四〇日で収穫できます。ですが、あまいスイカを収穫するためには、日数だけでは不十分《ふじゅうぶん》です。これには、「積算《せきさん》温度」というものが必要《ひつよう》になります。「積算温度」とは、花がさいて受粉《じゅふん》してから、毎日の平均気温を足したものです。

その合計が九〇〇～一〇〇〇度になったら、あまみもＯＫです。

ではカボチャはどうかというと、三五～四〇日ほどで収穫《しゅうかく》できますが、このときはあまりあまみがありません。これは、収穫時はでんぷんが多いためです。

ところが、三～四週間たつと、でんぷんが分解《ぶんかい》されて、あまい糖《とう》に変《か》わります（くわしくは六八ページで説明《せつめい》します）。とれたてよりも、時間がたった方があまみがます、ということです。これもふしぎなことですね。

このほかにも、葉っぱを食べる葉物やさいでは、たとえばコマツナだったら二五～三〇センチメートルになったら収穫することが大事です。四〇センチメートル以上《いじょう》に成長《せいちょう》したコマツナ（いや、それは「オオマツナ」といいます）や、ホウレンソウがとう立ちした「ホウレン木《ボク》」になると、葉がかたくなってしまって味が落ちるので、やさいをおいしく味わうためには収穫時期に気をつける必要があります。

このように、やさいはいつ収穫するかによって、大きく味が変わってくることがわかりますね。それでは、いよいよ次の章ではそれぞれのやさいについて、おもしろい話をしょうかいしましょう。

※1未熟《みじゅく》　果実《かじつ》や種子《しゅし》がまだ熟していないこと。
※2完熟《かんじゅく》　果実や種子がじゅうぶん大きくなり、味や質《しつ》も整うこと。

2

やさいのなぞにせまる

①色のマジック

トマトの色はなにで決まる?

トマトは、世界中で食べられているやさいの一つです。原産地《げんさんち》は、南米ペルーやエクアドル近辺《きんぺん》のアンデス高原地帯《ちたい》で、一四九二年にアメリカ大陸《たいりく》に着いたコロンブスによって、世界各地《かくち》に伝《つた》わりました。

日本へは一八世紀《せいき》の初期《しょき》にわたってきましたが、当時は観賞《かんしょう》用でした。明《めい》治《じ》時代に入って本格的《ほんかくてき》に栽培《さいばい》されるようになったものの、昭和初期《しょうわしょき》まで生産量《りょう》はごくわずかで、「洋菜《ようさい》（西洋から輸入《ゆにゅう》されたやさい）」でなくなったのは、昭和一〇年（一九三五年）ごろといわれています。

トマトはナス科に属《ぞく》しますが、なんといってもその仲間《なかま》にはおどろかされます。ナス、ピーマン、トウガラシ、さらに、「地下茎《ちかけい》（地中でくきをはること）」を利用《りよう》するものにジャガイモ、葉を利用するものにタバコがあり、一口にナス科といっても、色やかたち、大きさがさまざまなのがわかります。

その中でも、トマトは栄養《えいよう》面でとてもすぐれています。真っ赤に完熟《かんじゅく》した果実《かじつ》には、カロテンと、リコピンという赤の色素《しきそ》成分が多くふくまれています。カロテンは、体の中でビタミンAに変《か》わり、細胞《さいぼう》が古くなるのをふせいで皮ふやねんまくを健康《けんこう》にたもつなどの働《はたら》きがあります。リコピンは、赤みが強いトマトほど多くふくまれ、がんの予防《よぼう》に効果《こうか》があるといわれます。

「トマトが赤くなると医者《いしゃ》が青くなる」※とは有名なことわざですが、トマトがいかに健康的《てき》な食べ物であるかを言い表している言葉ですね。

色はどうやって決まるの？

店先などでならんでいるトマトを見ると、いろんな色があります。先ほど、色にはカロテンとリコピンが関係《かんけい》していると話しましたが、そのほかにも関係しているものがあります。

それは、果皮《かひ》と果肉の色です。あざやかな色は、皮（果皮）と中身（果肉）の色に影響《えいきょう》されます。トマトが赤く見えるのは、果皮がカロテンで、果肉がリコピンの場合です。※口絵1ページ 最近《さいきん》のトマトは、ピンク系、すなわち果皮の色がとう明で、果肉の色がリコピンというもので、「桃太郎《ももたろう》」という品種《ひんしゅ》にこのタイプがあります。黄色のトマトは、果皮がとう明で、果肉がカロテンで構成《こうせい》されていて、だいたい色は、果皮、果肉ともにカロテンでできています。

このようにトマトの色には、果皮と果肉の色にひみつがあるのです。

これから、どんな色のトマトが登場するのか楽しみです。

※トマトが赤くなると医者《いしゃ》が青くなる　トマトを食べると病気になる人がへって、医者は仕事がなくなってこまる、という意味。

トマトの色と果皮・果肉の色の関係

トマトの色	果皮の色	果肉の色
黄色	とう明	黄色（カロテン）
だいだい色	黄色（カロテン）	黄色（カロテン）
紅《べに》色	黄色（カロテン）	赤色（リコピン）
ピンク色	とう明	赤色（リコピン）

ピーマンの変化術《へんげじゅつ》！

トマトのページでしょうかいしたように、ピーマンもナス科のやさいです。原産地《げんさんち》は中央アメリカや南アメリカの熱帯地域《ねったいちいき》で、一四九三年にこれもコロンブスによってはじめてスペインにもたらされ、ヨーロッパに広まりました。そこからインドに伝《つた》わり、一七世紀《せいき》には中国に、江戸《えど》時代の末期《まっき》には日本に入ってきたという記録《きろく》があります。

カラフルなピーマン、どうやって作るの？

ピーマンは、カロテン、ビタミンCを多くふくむ栄養価《えいようか》の高いやさいで、最近《さいきん》では緑色だけでなく、赤色、黄色、オレンジ色、むらさき色などのカラフルな果実が、サラダや料理のいろどりとして使われています。こうしたカラフルな色があるのには、大きな理由があります。

まず緑のピーマンは、開花から一五〜二〇日ほどのわかい果実を収穫《しゅうかく》するので、ちょっと苦みがあります。そのため、みなさんが「ピーマンぎらい」になってしまうのです。それでは、ピーマンを完熟《かんじゅく》にしてはどうでしょうか？

ここで、先ほどのいろんな色が関係《かんけい》してきます。ピーマンは、緑で収穫せずにそのままにしておくと、なんと赤、黄色、オレンジなどに変化《へんか》します。それまでにかかる日数は、およそ四倍の六〇日以上《いじょう》。ですから、完熟のピーマンを作っていると、緑のピーマンを作るより日数が多くかかり、栄養をあたえつづけている株《かぶ》もつかれてしまいます。

しかし、完熟《かんじゅく》のピーマンは、ふつうのピーマンの三〜五倍以上《いじょう》のカロテンをふくんでいて、あまみも強いことから、子どもたちに好《す》かれています。長い時間をかけてみんなに好かれるものを作るのがいいか、それとも短い時間でたくさんの量《りょう》を作るのがいいか……。どうやら、完熟ピーマンの出回る量が緑のピーマンより少なく値段《ねだん》も高いのには、こういう理由がありそうです。

ピーマンのよび名

ところで、この完熟のピーマンの別名《べつめい》を知っていますか?

そう、「パプリカ」です。色のついたピーマンのことをこうよびます。

この名前、だれがつけたのでしょうか?

それは、市場関係者《かんけいしゃ》の方々《かたがた》のようです。この色のついたピーマンをなんとよぶかが問題になり、ではほかの国でなんとよんでいるか、という話になりました。ハンガリー語でトウガラシぜんぱんを「パプリカ」とよぶらしい、ということから、日本でもこのよび名になったのだとか。

ちなみに、からみのある種類《しゅるい》をトウガラシ、からみのない種類をピーマンとよびます。語源《ごげん》はフランス語の「ｐｉｍｅｎｔ《ピマン》」の読みのなまりといわれていますよ。

最近《さいきん》では「バナナピーマン」とよばれ、完熟度が進むにしたがって、果色が黄緑↓クリーム色↓黄色↓オレンジ↓赤に変《か》わるピーマンも登場し、ピーマン界はいっそうカラフルになっています。

むらさき色のたまごのなる木
ナス

ナスは和名を「ナス」ないし「ナスビ」といいます。あのつるりとしたかたちから、英名は「ｅｇｇｐｌａｎｔ《エッグプラント》（たまごのなる木）」。ユーモアのある名前です。原産地《げんさんち》はインドと考えられています。インドから中国へ伝来《でんらい》したのはかなり古く、中国での栽培《さいばい》は、千数百年以上《いじょう》にもなります。ヨーロッパでは一三世紀《せいき》に入ってから栽培されています。

日本へわたってきたのも古く、最初《さいしょ》に記されているのは奈良《なら》時代の古文書

『正倉院文書《しょうそういんもんじょ》』。また、もっとも古い農業の本『農業全書』（一六九七年）には、むらさき、白、青の三種《しゅ》のナスがあること、日本で最初の植物図鑑《ずかん》といわれる『本草図譜《ほんぞうずふ》』（一八三〇年）には、さらに丸、長、きんちゃくなどのかたちをした品種があることや、栽培方法《ほうほう》についても書かれています。

「秋ナスはよめに食わすな」※のことわざで有名なナスは、日本人にもっともなじみのあるやさいの一つでしょう。揚《あ》げナスのみそ田楽、焼《や》きナス、漬物《つけもの》など、日本の食文化がつまっています。

「ナス紺《こん》」の由来

そんなナスは、なんといっても、実の色が最大の特徴《とくちょう》といえるでしょう。みなさんがよく目にする「ナス紺」とよばれるあざやかなむらさき色の正体はアントシアニンとよばれる色素《しきそ》です。ナスの場合、それを「ナスニン」といいます。

このナスニンには、血液《けつえき》をきれいにして高血圧《こうけつあつ》などを予防《よぼう》する効果《こうか》があります。ナスニンは漬物《つけもの》にすると色が変《か》わりやすく、ミョウバンを利用《りよう》するのが、美しい色をたもつこつです。

ほかにも、「青ナス」※口絵2ページといわれる緑色の品種《ひんしゅ》、「白ナス」という白い品種などいろいろな種類《しゅるい》があります。そして、ナスは実の長さで品種が決まります。小さな品種には「民田《みんでん》」、中長品種だと「黒帝《こくてい》」「千両二号《せんりょうにごう》」、長い品種だと「庄屋大長《しょうやおおなが》」などがあります。ヘビのように長い「ヘビナス」もあります。ヘビナスだなんて食べるのに勇気がいる名前ですが、あまみがあり、油で調理するとトロッとしてとてもおいしいです。

※秋ナスはよめに食わすな　あまりにもおいしいので、よめにたべさせるのはもったいないという説《せつ》、体が冷《ひ》えるので大切なよめには食べさせるなという説などさまざまある。

マメちしき　すべて同じもの!?

エダマメの種《たね》をじっとながめていると、あることに気づきませんか?

これは、なにかににていると思ったら、ダイズの種にそっくりです。どうして名前がちがうのでしょう。

これを、同時にまいてみましょう。七日もすると芽《め》が出てのびてきます。これもどこかで見たことがありますね。答えは、「モヤシ（ダイズモヤシ）」です。

では、今度は、ダイズの種をまいて、八五日もするとどうなるのでしょうか。わかりますか?　答えは、「エダマメ」です。エダマメは、ダイズのわかいマメなのです。

最後《さいご》の質問《しつもん》です。ダイズの種をまいて、今度は一四〇日くらいするといったいどうなるのでしょうか。答えは、「ダイズ」です。

ダイズとモヤシ、エダマメ、実はすべて同じものだったのです。

緑と白のアスパラガスのちがい

アスパラガスはユリ科で、和名は「オランダキジカクシ」「オランダウド」といいます。成長《せいちょう》すると、細かく切れたように見える細い葉をびっしりつけた枝《えだ》が、キジがかくれることができるほど生いしげることに由来しています。「葉」と言いましたが、実はこれは、きょくたんに細く分かれた「くき」で、本来の葉はうろこ状《じょう》に退化《たいか》しています。

アスパラガスにはオスとメスがある!?

アスパラガスの特徴《とくちょう》は、「雌雄異株《しゆういしゅ》」といって、オスとメスに分かれているということです。収穫量《しゅうかくりょう》が多いのはおかぶ（雄株《おかぶ》）の方で、栽培《さいばい》にとても便利《べんり》です。おかぶは、中くらいの太さのものが多く収穫でき、めかぶ（雌《め》株《かぶ》）は、太いものが少量しかとれません。

したがってアスパラガスとしてちょうどよいものは、おかぶということになります。収穫量は、めかぶの一・二〜一・三倍ほどになります。さらに、めかぶには種子《しゅし》がつき、よく年、その種子が雑草《ざっそう》のように生えてくるので、注意が必要《ひつよう》です。

めかぶは秋に赤い実をつけます。

栄養面《えいようめん》では、カロテン、ビタミンB_1およびB2、ビタミンC、葉酸《ようさん》、アスパラギン酸などをふくんでいます。

それにしても「アスパラギン酸《さん》」だなんて、変《か》わった名前ですよね。これはアミノ酸の一種《いっしゅ》で、アンモニア（タンパク質《しつ》が分解《ぶんかい》されてできる有害物《ゆうがいぶっ》質《しつ》）を体の外に出したり、つかれた体を回復《かいふく》させたりする働《はたら》きがあります。アスパラガスから発見されたので、こう名づけられています。

白いアスパラガスの正体

アスパラガスは、わたしたちがふだん食べている緑のものと、ちょっとめずらしい白いものがあります。日本では、明治《めいじ》から大正時代にかけては白いアスパラガスが主流でしたが、昭和《しょうわ》四〇年代以降《いこう》に緑のアスパラガスが人気の座《ざ》をうばいました。

それでは、白と緑の色のちがいはなんでしょうか？

そのひみつは、太陽の光にあります。緑のアスパラガスは太陽の光を十分にあびて育ったため栄養《えいよう》が豊富《ほうふ》ですが、少し苦みがあります。

ところが、たくさん土よせして、土の中でのびたアスパラガスは、太陽の光をあびずにひ弱に育ち、白くなります。そのため、どくとくなあまみと、ほのかな苦みがあります。

もう一つ、ムラサキアスパラガスというものもあります。全体がむらさき色なのですが、煮《に》ると色が緑に変わる、実におもしろい品種《ひんしゅ》です。

②おどろきのかたち

どうしてトウモロコシには ひげがあるの？

トウモロコシは、米、小麦とならび「世界三大穀物《こくもつ》」ともいわれる重要《じゅうよう》な植物です。アメリカ大陸《たいりく》が原産地《げんさんち》で、世界にはトルティーヤ※口絵3ページをはじめ、トウモロコシを利用《りよう》した食べ物がさまざまあります。

トウモロコシの受粉《じゅふん》はとてもたんじゅんです。トウモロコシはおばな（雄花《おばな》）とめばな（雌花《めばな》）が二つに分かれる「雌雄異花同株《しゆういかどうしゅ》植物」で、「風媒花《ふうばいか》」です。「風媒花」とは、風によって、おしべから出た花粉《かふん》が、めしべにつくことで受粉するタイプの花のことをいい、ホウレンソウもその仲間です。

ひげの正体

では、トウモロコシの受粉は、実際《じっさい》にはどうやって起こるのでしょうか？

まず、種《たね》まき後、五〇日目ごろから、おばなが出ます。おばなからは花粉が出ます。

その二〜三日後に、めばなが出ます。めばなからは毛（ひげ）が出てきます。もうわかりましたね。そう、この毛の正体はめしべ、花粉を受けるめしべなのです。ですから、毛が多いと、つまりは毛深いトウモロコシだと、実の数が多くなるということになります。

さて、毛の先についた花粉は、毛の中を通って受粉します。そうすると、あの黄色の実ができます。つまり毛の一本一本は、実の一つぶ一つぶとむすびついているというわけです。

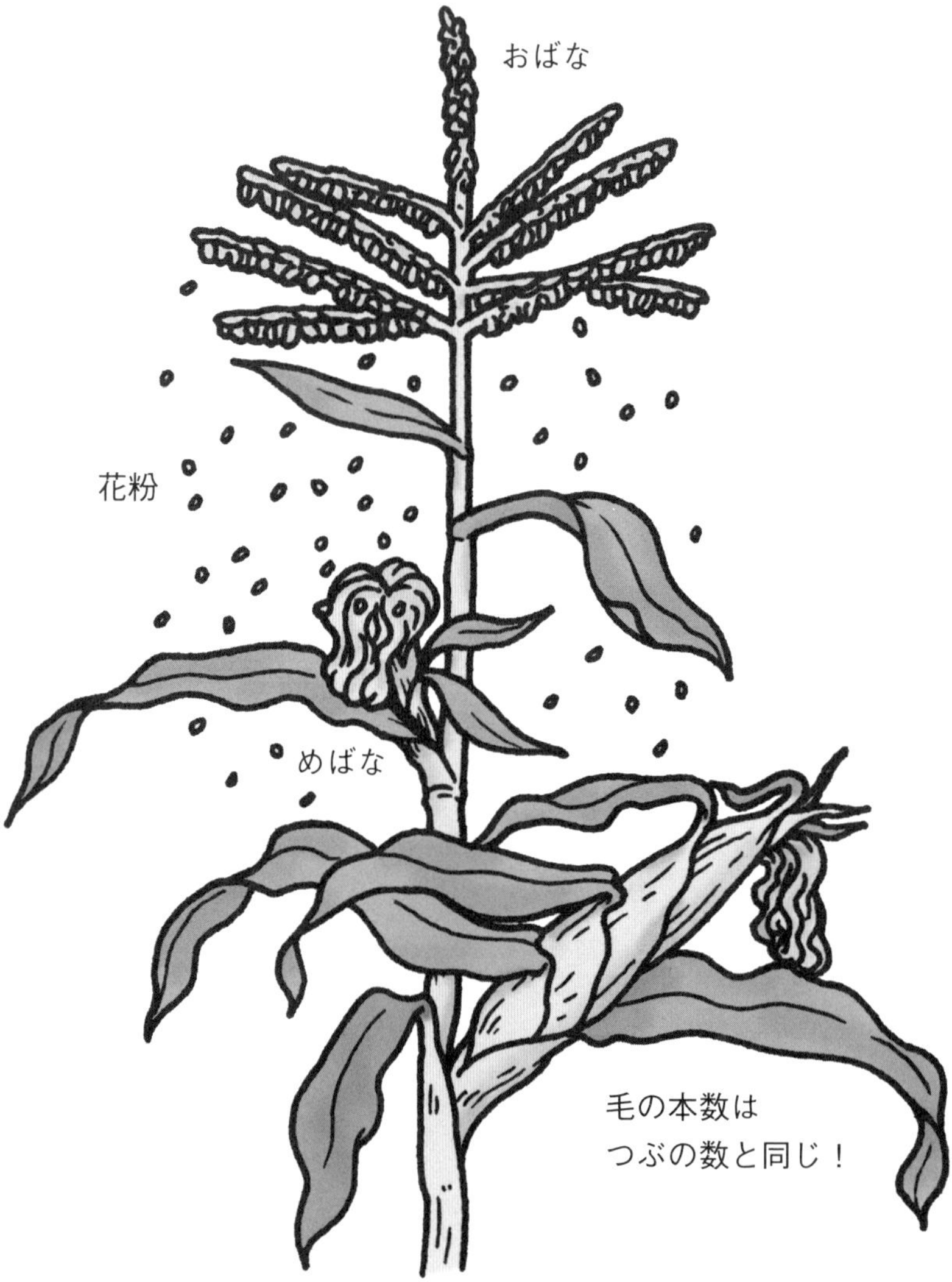
おばな
花粉
めばな
毛の本数は
つぶの数と同じ！

実ができるのは、開花後二〇～二五日、ちょうど毛が茶色にかれてくるころです。そうなったら、実をつつんでいる皮を、なんまいかむいてみましょう。実がパンパンにふくらんでいたら、食べごろです。こうしてトウモロコシが完成《かんせい》します。

ただし、これは、自分の花粉《かふん》がついたときにかぎられます。もしいろんな品種《ひんしゅ》を植えつけたとしたら、どうなるのでしょうか？

たとえば、実の色が黄色い品種と白い品種を植えつけたとすると、黄色の品種はそのままですが、白い品種は黄色の花粉がめしべにつくために、自分自身の白いつぶではなく黄色のつぶになってしまいます。

これが、トウモロコシの大きな問題です。このように、花粉が実や種子のかたちや質《しつ》を変《か》えてしまうことを、「キセニア」といいます。

トウモロコシがくらしに役立つ?

なんだ、トウモロコシってめんどうくさいなって思いましたか? そんなことはありません。トウモロコシにはほかのやさいにくらべて、食べる以外《いがい》にもすぐれた点があるんです。

それは、「バイオエタノール」の原料《げんりょう》としてとても重要《じゅうよう》だということです。「バイオエタノール」とは、かんたんに言うと「植物でアルコールを作る」ことです。つまり、トウモロコシからアルコールを作り、車の燃料《ねんりょう》にするのです。

ところが、これにより日本では、あるものに影響《えいきょう》が出てきました。なんだかわかりますか?

それはダイズです。日本人はダイズからとうふやみそ、しょうゆはもちろん、食用油、マヨネーズなどの生活に欠《か》かせない大事な食品を作っています。

日本は大部分のダイズを輸入《ゆにゅう》にたよっていますが、バイオエタノールの登場で海外ではダイズを栽培《さいばい》するのをやめて、代わりにトウモロコシを育てるところがふえているのです。

ただ、このバイオエタノールも、※シェールガスという新しいガスが登場したことで、地位がおびやかされつつあるようです。これからどうなるのか、とても気になるところです。

※シェールガス　けつ岩とよばれる堆積岩《たいせきがん》からとれる天然《てんねん》ガスのこと。

レンコンのあなはなんのため？

撮影協力　ＪＡ土浦

レンコンは「蓮根」とも書き、根茎《こんけい》を食べる、蓮田《はすだ》で栽培《さいばい》する植物です。レンコンを田んぼの中からさぐってほるのは、とてもたいへんな作業です。なぜなら、レンコンの収穫《しゅうかく》は冬。冷たい水にむねまでつかり、どろをかきわけてほり出すからです。

ぽっかり開いたあなは？

レンコンの一番のなぞ、それはあのあなです。レンコンをほうちょうで横に切ると、あながいくつも開いていますね。たいてい真ん中に一こ、そのまわりに八～九こ。これはなんのためのあななのでしょうか？

そこで一つ、実験《じっけん》をしてみましょう。まず、レンコンの節《ふし》が三こぐらい連《つら》なっているものを選《えら》び、一方のはしを水の中に入れ、反対の方から、口で思いっきりプーッと息をふくのです。そうすると、水の中の方からブクブクとあわが立ってきます。どうやら、あなの開いているところは、空気の通り道のようです。

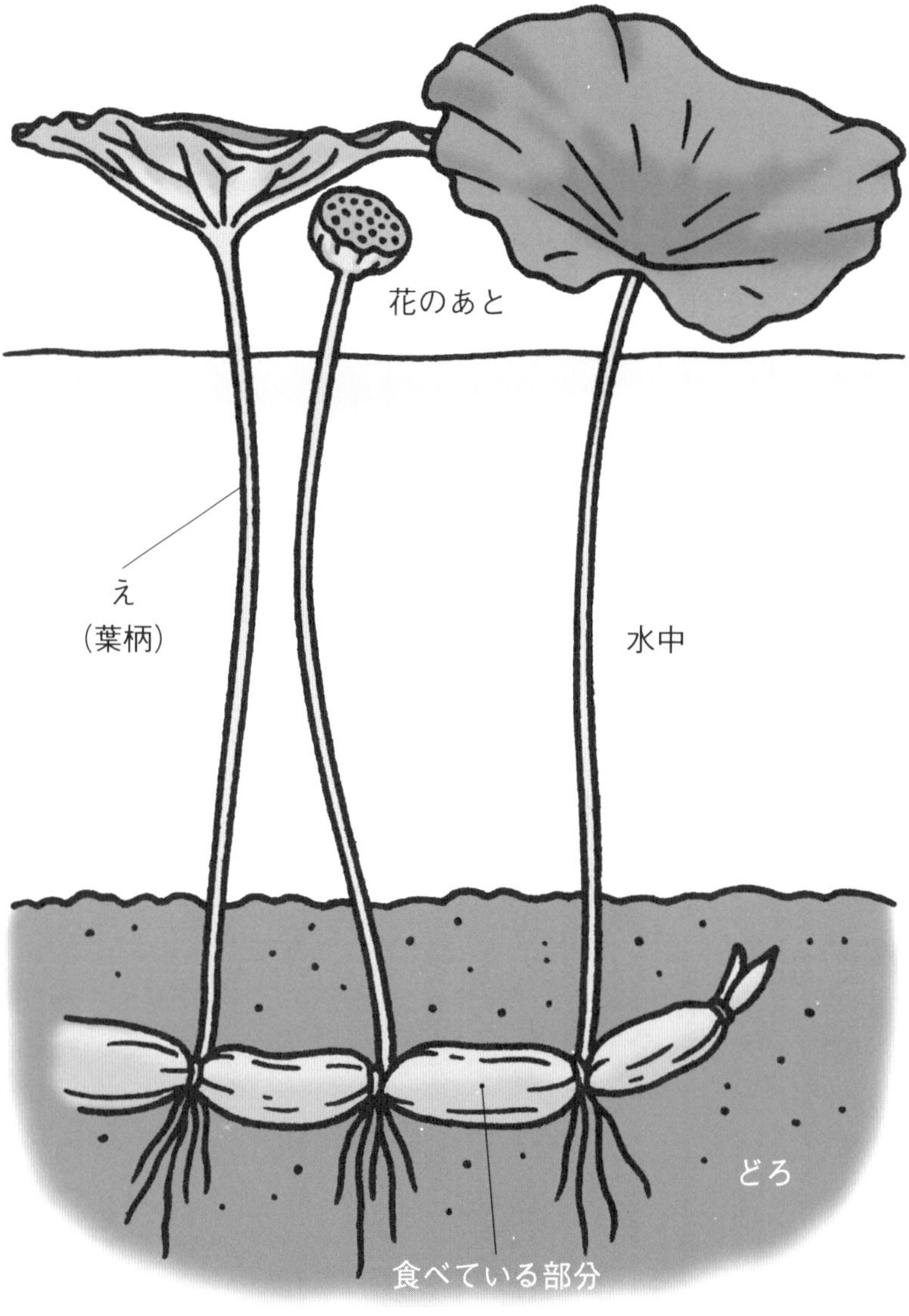
花のあと
え
（葉柄）
水中
どろ
食べている部分

では、なぜレンコンにはこうしたあなが開いているのでしょう？

その答えは、育ち方にあります。

レンコンは、田んぼの中で右の図のように育っています。水平な葉を水の上に出し、え（「葉柄《ようへい》」といいます）は水中をずーっとおりて地中のレンコンとつながっています。そう、地上と地中をむすんでいるわけですね。

あなは空気の通り道で、葉の気孔《きこう》（細胞《さいぼう》のすきま）からレンコンの体の中に入った空気は、えのあなを通ってレンコンのあなに行きわたり、レンコン全体を空気で満《み》たします。これが植物の呼吸《こきゅう》です。レンコンは呼吸と同時に、葉で光合成《こうごうせい》を行い、根の部分を大きく太くさせているのです。

さらにつけ加《くわ》えると、おもしろいことに葉のえのあなは、レンコンの根のあなとまったく同じ形をしているんですよ。空気が通りやすい構造《こうぞう》は、植物が生み出したちえですね。

花の中をよーく見ると……

もう一つ、とっておきのひみつがあります。レンコンには美しい花がさきますが、この花にも、おもしろいことがあるのです。

花が開いたときによく見ると、めしべが、まるでじょうろのハス口のような構造《こうぞう》をしています。じょうろのハス口は、その名前の通り「ハス（レンコン）のめしべににている」からついたのですが、それにしてもそっくりですね。

めしべにできる実は「ハスの実」といって、ビタミン類《るい》やミネラル、食物繊維《せんい》などが豊富《ほうふ》にふくまれています。こうしてみると、レン

よく見ると、本当にそっくりですね。

コンは、みりょくにあふれたやさいであることがわかります。

正月料理《りょうり》に登場するわけ

最後《さいご》に、なぜ、レンコンが正月の料理に出されるのかふしぎに思ったことはありませんか？

正月料理には、黒豆の「まめであるように」とか、数の子の「子宝《こだから》にめぐまれるように」といった、いろいろないわれがあります。それではレンコンはなにかというと、あなの開いたどくとくなかたちから、「先の見通しがよい」といわれています。レンコンには、こうしたおめでたい意味もあるのですね。

正直なところ、わたしは正月料理よりもレンコンチップスの方が好《す》きなのですが……。

キャベツは重ね着がお好《す》き

寒くなってくると、わたしたちは「もう一まい」「あと一まい」と、なんまいも重ね着をしますね。そういえば、やさいにも重ね着をしているものがあります。なんだと思いますか?

答えは、キャベツ、ハクサイ、タマネギなどの〝玉になる〟(「結球《けっきゅう》」する)やさいです。これらは、どうやってあのような玉になっているのでしょう。

丸いかたちはどうやって？

葉が結球するのには、いくつか理由があります。キャベツを例《れい》に説明《せつめい》しましょう。

まずは、結球するときの体勢《たいせい》です。結球は、葉が二〇まいぐらいなければ、はじまりません。葉が二〇まいぐらいに成長《せいちょう》すると、内部の葉は、はばが広く、長さが短いおうぎ型《がた》になります。これで、結球の体勢が整います。

このとき重要《じゅうよう》となるのが、温度です。キャベツの生育に適《てき》した温度は一七〜二〇度で、球《きゅう》が大きく太り、しまりのいいものができます。結球は、これより高温や、反対に低温《ていおん》だと、うまく行われません。

この時期《じき》、植物の体がいきおいよく成長し、中心部の葉の光が外葉でさえぎられるようになると、結球する体勢を取るようになります。

もしも、この時期に外葉を切り取ったり、外葉をおし広げて内部の葉に光が当たるようにしたりすると、結球の体勢がくずれてしまいます。

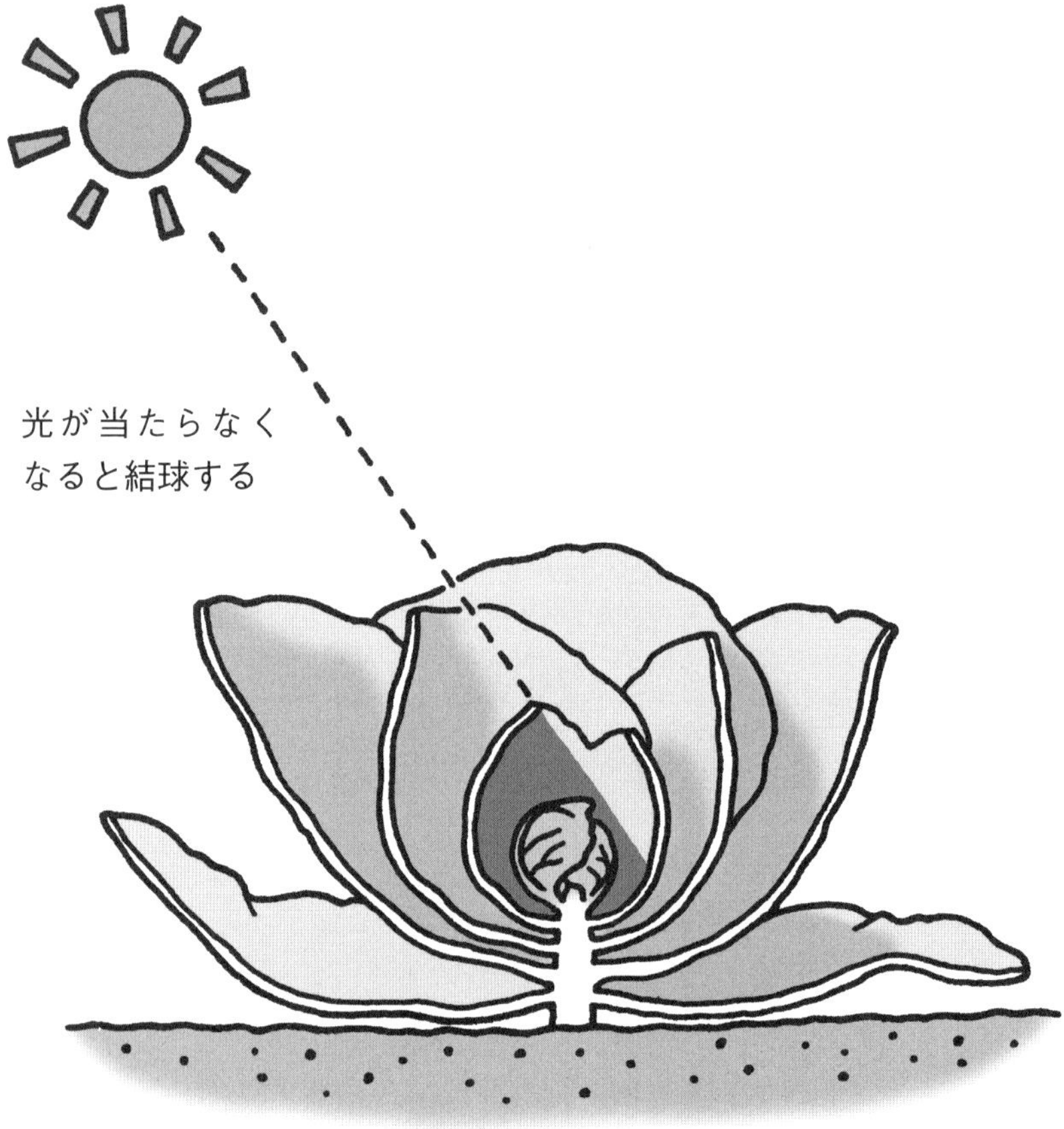
光が当たらなく
なると結球する

これとは反対に、結球《けっきゅう》する体勢《たいせい》に入っていないものでも、植物の体の外部に光をさえぎる工夫《くふう》をすると、結球の体勢を取るようになります。

なんまい重ね着をしているのか？

次に、結球がなんまいの葉でできているのかを、調べてみましょう。

やり方はかんたんです。よく結球しているキャベツの外側から、葉を一まい一まいむいていき、全部をずらりとならべてみましょう。そして、その数を数えてみてください。五〇～八〇まいくらいあるのではないでしょうか。キャベツは、こんなにたくさんの葉でつつまれていたのだと、おどろくことでしょう。

ここでさらに調べると、その数には、ある傾向《けいこう》があるはずです。早く球《きゅう》ができる品種《ひんしゅ》（早生種《わせ》）は葉の数が少なく、時間がかかる品種（晩生種《ばんせい》）は数が多いのです。

これは、キャベツの栄養条件《えいようじょうけん》にも関係《かんけい》しています。栄養条件がよいものは、葉のまい数が多くなり、それぞれの葉も、じっくり成長《せいちょう》する傾向《けいこう》が強くなるわけです。

結球《けっきゅう》するもう一つのわけ

先ほど結球の起こりについては説明《せつめい》しましたが、実はもう一つわけがあります。

結球の体勢《たいせい》は、内部の葉に光が当たらなくなって起こりますが、そこに重《じゅう》要《よう》な意味があります。葉に光が当たると、「成長《せいちょう》ホルモン」という、成長を助ける物質《ぶっしつ》が、葉のうらに集中《しゅうちゅう》します。そのために、葉のうらが表よりも早く成長し、表がおれてしまうのです。それが結球の理由です。

ふつう植物が成長するときは、先たんに「成長点」というものがあって、そこが細胞分裂《さいぼうぶんれつ》してのびています。成長点は一つです。

キャベツが結球するのは、なん十まいもの葉が植物の一番大切な部分、すなわち「成長点」を守っているとも考えられます。

ミニからジャンボまで、大きさいろいろ カボチャ

みなさんがよんでいる「カボチャ」とは、ウリ科のカボチャ属《ぞく》の果実《かじつ》の総《そう》称《しょう》です。日本で栽培《さいばい》されているカボチャには、セイヨウカボチャ、ニホンカボチャ、ペポカボチャの三種類《しゅるい》があります。

セイヨウカボチャは、粉質《ふんしつ》で、ほくほくとしてあまみが強く、「栗《くり》カボチャ」ともよばれます。日本ではセイヨウカボチャが主流です。ニホンカボチャは、粘質《ねんしつ》でねっとりした風味があり、ペポカボチャは、果実のかたちや食味が風《ふう》

変《が》わりなものが多く、キンシウリ（ソウメンカボチャ）、ズッキーニ、オモチャカボチャなど、品種がたくさんあります。

原産地《げんさんち》は、セイヨウカボチャが南アメリカ、ニホンカボチャは日本ではなく中央アメリカ、ペポカボチャは北アメリカと考えられています。日本へは一五四一年にポルトガル船が豊後《ぶんご》※1に漂着《ひょうちゃく》し、その後、大友宗麟《おおともそうりん》※2に貿易《ぼうえき》の許可《きょか》を願《ねが》い出たときに、ニホンカボチャをささげたのがはじまりとされています。

種類によって栄養価《えいようか》がちがう

カボチャはカロテンやビタミンB_1、B_2、Cなどをたっぷりふくむ栄養価の高い緑黄色やさいで、カルシウムや鉄《てつ》などのミネラルも豊富《ほうふ》です。

ところが、先ほどの三種類には栄養成分《せいぶん》に差《さ》があります。たとえば、可食《かしょく》部《ぶ》一〇〇グラム当たりのβ《ベータ》-カロテンの量《りょう》をくらべると、ニホンカボチャが七三〇マイクログラム※3なのに対して、セイヨウカボチャは四〇〇〇マイクログラムでおよそ五・五倍。いっぽう、ペポカボチャの一種《しゅ》のキンシウリは、四九マイクログラムと緑黄色やさいの基準《きじゅん》さえ満《み》たしていません。

また、ビタミンCは、ニホンカボチャでは一六ミリグラム、セイヨウカボチャは四三ミリグラムと約《やく》三倍。キンシウリでは一一ミリグラムです。ちなみに、大玉トマトは、一五ミリグラムですから、カボチャ類の栄養価《えいようか》の高さは明らかです。

さらに、種子《しゅし》にもタンパク質《しつ》や脂質《ししつ》、ビタミンB_1などがふくまれます。

あまさは時間と関係《かんけい》

カボチャやサツマイモは、収穫《しゅうかく》直後よりも三～四週間置《お》いた方があまくなるといわれます。これは、貯蔵《ちょぞう》中の果実《かじつ》の主要成分《しゅようせいぶん》、とくにでんぷんの変化《へんか》を見るとよくわかります。多かったでんぷんが分解《ぶんかい》されてへり、代わりにあまい糖《とう》がふえるのです。

でんぷんと糖の量《りょう》の変化《へんか》

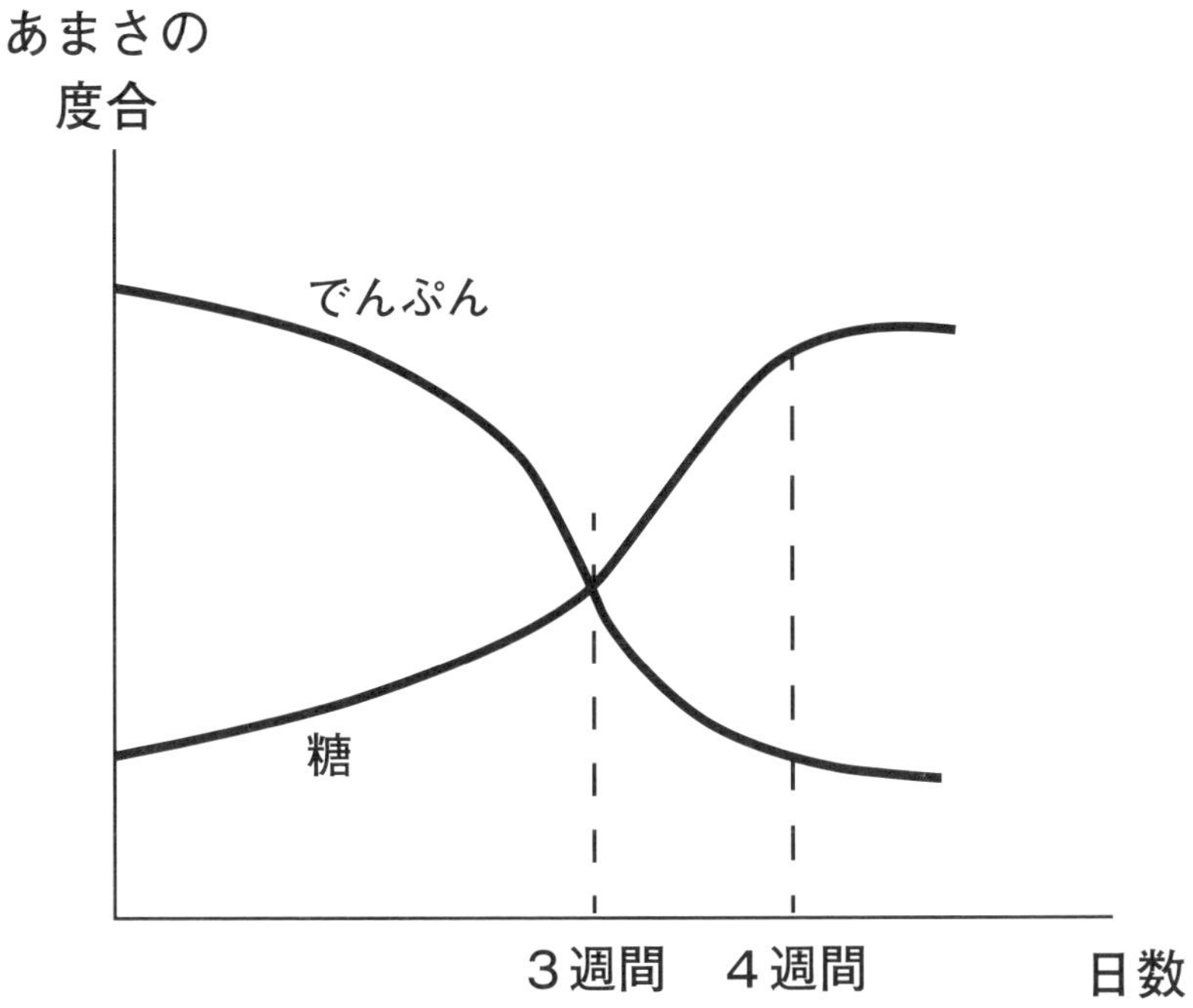

大きさいろいろ

最近《さいきん》、ミニ品種《ひんしゅ》が好《この》まれるようになりました。「坊《ぼ》っちゃん」「プッチーニ」「栗坊《くりぼう》」「コリンキー」「ほっこり姫《ひめ》」など、かわいらしい名前のものがさまざまあります。ミニカボチャは文字通り、手のひらにおさまる小さな品種です。大きさやかたちのかわいさはもちろん、果実《かじつ》の上部を切って中の種子《しゅし》などを取りのぞき、電子レンジで加熱《かねつ》するだけで食べられるといった手軽さが人気をよんでいるようです。

それとは反対に、ハロウィーンなどで使われる超大型《ちょうおおがた》の品種にも熱心《ねっしん》なファンがいて、「アトランチックジャイアント」など、一〇〇キログラムほどに成長《せいちょう》するものを栽培《さいばい》して、大きさや重量《じゅうりょう》をきそうジャンボカボチャコンテストも、日本各地《かくち》で開催《かいさい》されるようになりました。

一こ三〇〇～五〇〇グラムのミニ品種から、一こ一〇〇キログラム以上《いじょう》のジャンボ品種まで、カボチャの世界はおくが深いのです。

※1豊後《ぶんご》　現在《げんざい》の大分《おおいた》県。　※2大友宗麟《おおともそうりん》　戦国《せんごく》時代の武将《ぶしょう》。

写真提供　日本一どでカボチャ大会

2014年のコンテストで優勝《ゆうしょう》したのは、なんと458キログラムもある大きなカボチャでした。

メロンのあみ目は成長《せいちょう》のあかし

みなさん、高級《こうきゅう》メロンには、あみ目があるのを知っていますか？　右の写真には見事なあみ目がありますね。どうやったら、このあみ目ができるのでしょうか？

次は、そのふしぎについてしょうかいしましょう。

どうして、あみ目ができるのか？

メロンは、生まれつき花がオスとメスに分かれています。花がさいたときに花粉《かふん》が出る方の花をおばな、花粉がなくめしべがついているのがめばなでしたね。メロンは、このめしべに花粉がついて、受粉《じゅふん》して果実が大きくなるのです。果実の収穫《しゅうかく》は、受粉後、四〇日をすぎたころからです。するとあまいにおいが出て、あのおいしいメロンが登場するのです。メロンは受粉した直後から、あまく大きくなることを開始します。

ところで、あのあみ目はどうなったのかって？　ここからが大事なところです。

メロンには、「マスクメロン」のようにあみ目がついているものと、「プリンスメロン」のようにあみ目がついていないものがあります。果実には、最《さい》初《しょ》はあみ目がないのです。だれかがいたずらして、メロンの表面にナイフできずをつけている、というわけではありません。

それでは、このあみ目、いったいいつできるのでしょうか？

マスクメロンは、メロンの表皮の成長《せいちょう》よりも内部の果実《かじつ》の成長の方が早く、成長が進むにつれて（玉が大きくなるにつれて）内側《うちがわ》からの圧力《あつりょく》が高まります。このため、表皮が圧力にたえられなくなり、ひびが入ってしまうのです。こうしたひびわれをふせごうと、内側から出た果汁《かじゅう》が固《かた》まったものが、あみ目の正体。あみ目は、きずを早く治《なお》すための「かさぶた」というわけです。

このあみ目のでき方で、値段《ねだん》が左右されます。きれいにあみ目ができるものは、値段が高くつくのです。ですから、このあみ目をしっかりと作ることが、高級《こうきゅう》メロンへの一歩といえます。

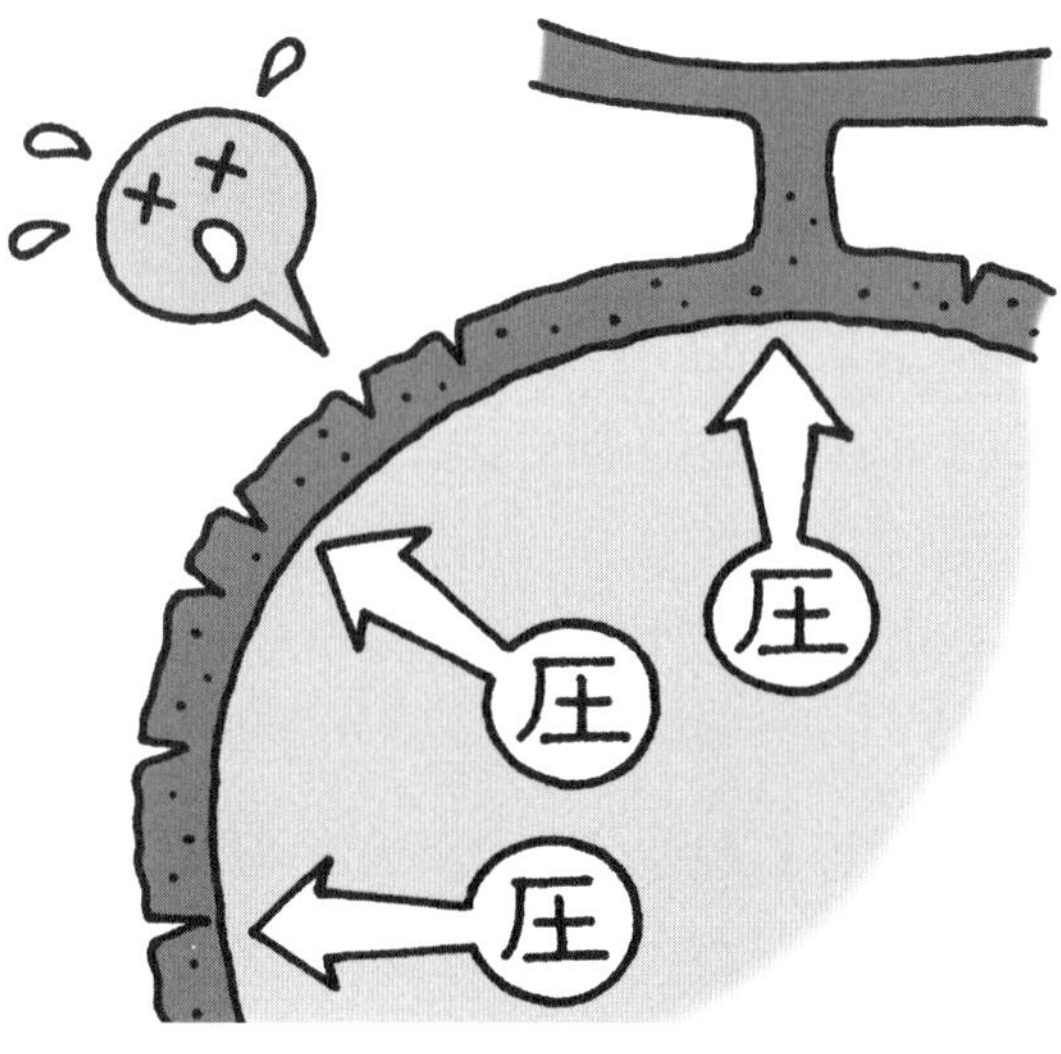

しかし、あみ目がないからといって、そのメロンがまずいとはかぎりません。わたしが食べたメロンの中で一番おいしいと感じたのは、あみ目のないラグビーボール型《がた》の大きなメロンでした。大きくてあまみがとても強く、びっくりしたことを覚《おぼ》えています。

マスクメロンの「マスク」って?

ところで、マスクメロンとはどういうメロンのことでしょうか? 高級メロンの総称《そうしょう》?

どうやら、「マスク」の意味が重要《じゅうよう》のようです。「マスク」とは「ｍａｓｋ（覆面《ふくめん》）」ではなく、「ｍｕｓｋ（じゃ香《こう》）[※]」を意味します。すなわち、「じゃ香のようなメロン」ということです。あみ目のことを「かさぶた」と教えたのですから、「いい香《かお》りのかさぶた」と覚えるといいですね。

※じゃ香　オスのジャコウジカまたはジャコウネコから取る香料《こうりょう》。貴重《きちょう》で、香水の原料《げんりょう》となる。

3 味や香《かお》りのふしぎ

苦みでてきをやっつけろ! ゴーヤー

このところ電力節約《せつやく》のために、さかんに行われているのが、ゴーヤーなどによるグリーンカーテンです。グリーンカーテンに向くやさいや植物はいろいろありますが、やはり、ゴーヤーが一番あつかいやすくかんたんです。

ゴーヤーが苦くなったわけ

そのゴーヤーですが、なんといっても、あのどくとくの苦みにはびっくりです。苦みの成分《せいぶん》は、モモルデシンというククルビタシン（ウリ科の苦みの成分）の一種です。でもなぜ、苦いのでしょうか？

それは、「果実《かじつ》がわかいときだけ苦みが強くなり、完熟《かんじゅく》するとあまくなる」ということと関係《かんけい》しています。

では、「果実がわかいときだけ苦い」とはどういうことなのでしょう？

それは、果実がわかいうちは種子《しゅし》が熟していないということです。なぜ、種子が関係するのか、考えてみてください。

もし、種子が熟していないうちに動物が食べてしまったら、種子が熟せませんよね。種子が熟せないとゴーヤーはどうなるのでしょう？　子孫《しそん》を残《のこ》すことができずに絶滅《ぜつめつ》してしまいますね。ですからわかいうちに食べられないように、果実を苦くしておくのです。

ところが、果実が熟してくるとあまくなってきます。では反対に、あまくなるのにはどんな意味があるのでしょうか？

今度は、動物などに食べてもらうためです。動物に熟《じゅく》した種子《しゅし》ごと食べてもらって、ふんにまざって、できるだけ遠くに種子を運んでもらうのです。そうすることで足のない植物は、自分の生育のはんいを広げています。

ゴーヤーの苦みは、開花後二〇～二五日ごろまでのわかい果実《かじつ》に、かなり強めにあります。三五日ごろの種子《しゅし》が熟してくる時期《じき》になると、果実は黄色くなってきます。黄色くなった果実の中の種子を見てみると、真っ赤に着色しています。そうなると、あの苦みのことなどわすれてしまったかのように、あまくなるのです。

ゴーヤーが本当におそれるものは……

しかしそれでは、ゴーヤーの本当のてきは、どこにいるのでしょうか？

それは、人間です。人間は、動物も苦くて食べられないわかい果実をゴーヤーチャンプルというきわめておいしい料理に変《か》えて、食料《しょくざい》にしたのです。

苦みにおいしさを見つけ出した人間は、すごいものです。

このゴーヤー、秋田生まれのわたしにとっては、まったくなじみのないものでした。それが世の中に広く知られるようになったのは、ほかのやさいの歴史《れきし》とくらべると、ごく最近《さいきん》のことです。NHK《エヌエイチケイ》の朝のテレビ小説《しょうせつ》「ちゅらさん」（二〇〇一年に放送）でブームになったのですが、みなさんは見たことないかな。

ゴーヤー、ぜひたくさん食べてください。夏はこの苦さが体にしみますよ。

馬もみとめるニンジンのあまさ

ニンジンは、カロテンを多くふくみますが、「カロテン」という言葉、どこから来たものかわかりますか?

ニンジンは学名※を「Daucus《ダウクス》 carota《カロタ》」、英語《えいご》では「carrot《キャロット》」といいます。ここまでいったらわかりますね。「カロテン」は「carota」や「carrot」に由来しています。

後から来た方が人気者

さて、セリ科で中央アジア原産《げんさん》のニンジンは、原産地から分かれるときに、二つの道をたどりました。一つは原産地からヨーロッパへ、もう一つは原産地から中国をへて、日本へ。

ヨーロッパへ分かれたものは、「西洋種《しゅ》（短根種）」といわれ、長さが二〇センチメートルほどです。育ちがいいため、最近《さいきん》では、栽培《さいばい》されているもののほとんどがこれです。

いっぽう、中国をへて日本に来たものは、「東洋種（長根種）」とよばれています。東洋種は長さが三五〜五〇センチメートルにもなる大きなものです。ただし、とう立ちが早く、秋まきでないと栽培がむずかしいので、昔にくらべると生産量《りょう》はかなり少なくなってきました。

ニンジンが日本に来たとき、日本にはすでにべつのニンジンがありました。それは、「高麗人参《こうらいにんじん》」という薬用ニンジンです。高麗人参はウコギ科（ウドなどがあります）に属《ぞく》する植物で、滋養強壮《じようきょうそう》の薬として、とても人気がありました。そして、とても高価《こうか》なものでした。

それが、一六世紀《せいき》に日本にやって来たある植物を植えてみると、なんと、この根が高麗人参《こうらいにんじん》のようなかたちをしていて、食べた効果《こうか》も高麗人参に近いようだったことから、一気に注目を集めるようになったのです。

はじめは「芹人参《せりにんじん》」とよばれましたが、いつしか「芹」がとれて、「ニンジン」とよぶようになりました。

「ニンジンで馬はつれますか？」

こう聞かれたことがあります。わたしも動物園や牧場《ぼくじょう》でやったことがあるので、つれるのではないかと思います。

ニンジンは「馬の大好物《だいこうぶつ》」といわれます。馬の目の前にニンジンをさし出すと、馬はあっという間にそれを取り上げ、食べます。このようなことから、

「馬の鼻先にニンジンをぶら下げる」という言葉が生まれ、ほうびでつることのたとえとして使われるようになりました。

なぜニンジンなのかといえば、どうやら馬はあまいものが好《この》みのようで、ニンジン特有《とくゆう》の強いあまみにひみつがあるようです。

ニンジンがあまいのは、葉でつくられた炭水化物《たんすいかぶつ》が根に集まり、やがて糖《とう》としてたくわえられるからです。こう考えると、葉にもかなりの栄養《えいよう》があることがわかります。実のところ、葉には根の二倍の量《りょう》のカロテンがふくまれているのです。古くから日本人は、ニンジンの葉を天ぷらやおひたしなどにして、料理《りょうり》に使ってきました。昭和《しょうわ》のころまでは、ニンジンの間引き菜（たくさんあるわか葉の中から、元気のあるものを残《のこ》して引きぬいたもの）を、「ニンジン菜」として売ってもいたのです。日本人の「もったいない」精神《せいしん》があらわれていると思います。

※学名　動植物につける世界共通《きょうつう》の名前。

トウガラシがからいわけ

トウガラシのことを英語《えいご》で「chili《チリ》 pepper《ペッパー》」といいますが、「pepper」とは、本来「こしょう」を意味します。これは、コロンブスがインドとまちがえて到着《とうちゃく》したアメリカで、トウガラシをインドで栽培《さいばい》しているコショウの一種《しゅ》と思いこんだためです。

からみのもとは?

トウガラシのからみは、成分《せいぶん》を「カプサイシン」といいます。あせを出す作用があり、新陳代謝《しんちんたいしゃ》を活発《かっぱつ》にする効果《こうか》があるといわれます。トウガラシを食べると、かっかと熱《あつ》くなって、最後《さいご》にはヒリヒリしますよね。このことから、よく「いたいようなからさ」と表現《ひょうげん》されます。

このからみには、度合いがあります。「スコビル」という単位《たんい》で表します。測定方法《そくていほうほう》はとてもかんたん。人間のしたを使います。

まず、トウガラシをアルコールにつけて、からみ成分をぬき出します。次に、ぬき出した液《えき》にあまみのある水を入れてうすめます。ここに三〇〇〇〇倍の水を足してから味を感じなくなれば、それは三〇〇〇〇スコビルです。からみは、高温や乾燥《かんそう》などでましくます。これは、カプサイシンの量《りょう》がふえることを意味しています。

ちなみに同じナス科のピーマンは〇スコビル、三鷹《みたか》トウガラシは五〇〇〇〇～六〇〇〇〇スコビル、ハバネロは三〇〇〇〇〇スコビルです。※口絵4ページ

調理方法《ほうほう》でからさが変《か》わる!

トウガラシは、中南米から世界に広がりました。生で、乾燥《かんそう》して、切って、ちぎってなど、いろんなかたちで料理《りょうり》に利用《りよう》されています。カプサイシンは、水より油によくとける性質《せいしつ》があるので、油につけこんだり、いためたりすると、からみがより引き出されます。そうしてできた調味料《ちょうみりょう》に、ラー油やタバスコなどがありますね。

また、そのまま収穫《しゅうかく》したものを使うよりも、細かく切りきざんだものを使うと、よりからさがまします。いろんな料理で、ためしてみてください。

一番からいところはどこ?

トウガラシには一番からい部分があります。それは、種子《しゅし》がついている「胎《たい》座《ざ》」です。カプサイシンは種子が成熟《せいじゅく》するにつれて、胎座にたくわえられます。このとなりにあるのが種子なわけですから、「種子が一番からいのでは」と考える人も多いと思います。でもそれは、胎座のカプサイシンが、種子の表面についてしまうためにからく感じるのであって、「一番」ではないのです。

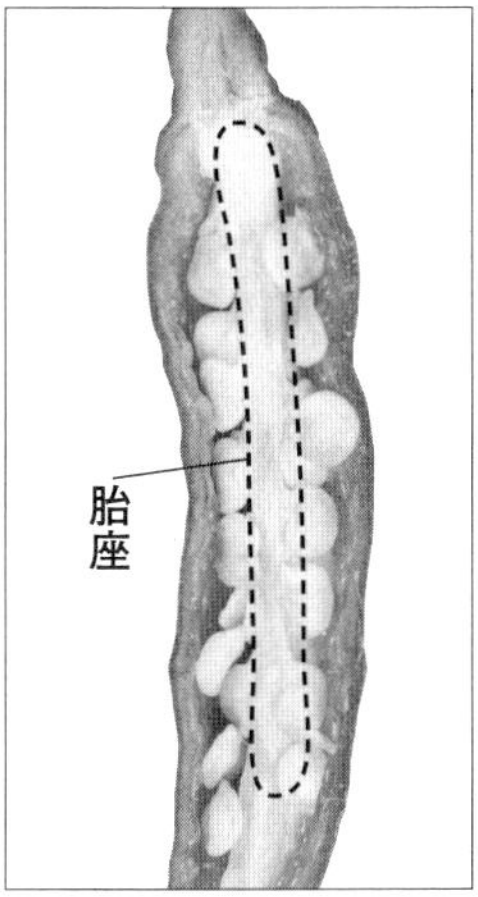

トウガラシと鳥

そもそもなぜ、トウガラシはからみ成分《せいぶん》をふくむのでしょう。それを考えるうえで、有名な論文《ろんぶん》があります。

ふつう果実《かじつ》の中の種子は、動物に食べられて、ふんとなって、いろいろな場所にまかれると話しましたね。ところが、ほとんどの動物たちはトウガラシにからみを感じて、果実を食べません。それを好《この》んで食べるのが、鳥です。しかも動物よりも行動はんいが広いので、運ばれるはんいも広くなります。

こうして考えると、「トウガラシと鳥」、実によい組み合わせといえます。

鼻にツーン ワサビの力

ワサビは、日本原産《げんさん》のアブラナ科に属《ぞく》するやさいです。ところでみなさんは、ワサビがどこで作られるか、知っていますか？ 田んぼなんです。多くは、「ワサビ田」とよばれる専門《せんもん》の田んぼで作られます（畑で作られる場合もあり、「畑ワサビ」といいます）。

ワサビのからみは？

ワサビには、強いしげきを持つどくとくな香《かお》りがあるので、香辛料《こうしんりょう》にも分《ぶん》類《るい》されます。からみの原因《げんいん》は、揮発性《きはっせい》[※1]の「カラシ油（アリルイソチオシアネート）」という成分《せいぶん》です。ちょっとむずかしい話ですが、ワサビをすりおろすと、ワサビの細胞《さいぼう》内のいろんな成分《せいぶん》がこわされて、このからみ成分が生まれるのです。

ワサビには、殺菌《さっきん》作用などのいろんな効果《こうか》があることが知られています。かんたんにしょうかいしましょう。

①**菌がふえるのをおさえる**：大腸菌《だいちょうきん》Ｏ１５７に大きな効果があることが知られています。また、食中毒《しょくちゅうどく》を引き起こす黄色ブドウ球菌《きゅうきん》や腸炎《ちょうえん》ビブリオに対しても、菌がふえるのをおさえることがわかっています。

②**虫をふせぐ**：魚介《ぎょかい》類に寄生《きせい》するセンチュウの活動をおさえます。

③**血栓《けっせん》[※2]を予防《よぼう》する**：ワサビどくとくの香りの成分によって、血液中《けつえきちゅう》の血小板が集まるのをおさえ、血管《けっかん》の中で血液が固《かた》まるのをふせぎます。

これらのうち、とくに知られているものは、①の作用です。日本の代表的《てき》な食べ物に、すしがあります。ネタの魚介類《ぎょかいるい》は、生で利用《りよう》する場合がほとんどで食中毒《しょくちゅうどく》が心配されます。このときに役立っているのが、ワサビの抗菌《こうきん》作用です。またさし身にワサビをつけると、魚の生ぐささを消すことができるともいわれています。

この抗菌効果《こうか》は、食品にも利用されています。からし油を蒸発《じょうはつ》させ、食品全体にふれさせることで、微生物《びせいぶつ》がふえるのをおさえるシートが開発されています。これを使用すると、食品がくさりにくくなるようです。

※1揮発性《きはっせい》　液体《えきたい》の蒸発しやすい性質《せいしつ》。
※2血栓《けっせん》　血管《けっかん》の中で生じた血のかたまり。

マメちしき　タマネギを切ると、なみだが出るのはなぜ？

タマネギの皮をむき、結球《けっきゅう》内部の葉を切ると、なみだがあふれてきます。なみだが出るわけは、タマネギから人間の目をしげきする物質《ぶっしつ》が出ているからです。

それは硫化《りゅうか》アリルという物質です。タマネギは、アミノ酸《さん》と酵素《こうそ》をふくんでおり、タマネギが切られることによって、アミノ酸と酵素が反応《はんのう》して、硫化アリルができます。この硫化アリルが空気中に蒸発して、目をしげきするのです。

それでは、なみだが出ないようにするには、どうしたらよいのでしょうか。

一つは、タマネギとほうちょうをよく冷《ひ》やし、硫化アリルが空中に蒸発しないようにすることです。でも、タマネギが室温にもどってしまえば、硫化アリルが空中に蒸発し、なみだが出てきます。

そこで、二つ目、水中メガネを着用する。こうすれば、蒸発した硫化アリルが目に入ることはなく、なみだも出ないということになります。

みなさんもいろいろ工夫《くふう》して、もっといいアイデアを見つけたら教えてください。

4 意外な育ち方

オクラの頭はどっち？

みなさん、オクラは好きですか？　オクラは「ねばねば」するのが特徴《とくちょう》のアフリカ生まれのやさいです。

ねばねばするやさいには、ほかにヤマイモやサトイモ、モロヘイヤなどがあります。これらのねばねば物質《ぶっしつ》の正体は、ムチンといいます。ムチンは、糖《とう》とタンパク質からできた物質です。

オクラの花は、やさいの花の中でも美しい部類《ぶるい》に入ります。世界で一番美しいという人もいるくらいです。わたしもそう思います。みなさんは、ワタという植物を知っていますか？　ワタもオクラもアオイ科の植物なので、花がそっくりです。

オクラは、花がさいた後、七日ほどたったわかい果実《かじつ》を収穫《しゅうかく》します。この果実は種子《しゅし》が小さく、白い色をしています。ですから、やわらかく、煮《に》ても生でも食べられます。ところが、二〇日ほどたつと、種子が大きく固《かた》くなり、果実自体も固くなってしまうので、食べるのには向きません。

オクラはどこになる？

それでは、オクラはどのようにしてできるのでしょうか？

そのでき方を学んでみましょう。

まず、数まいの葉がついた後、葉とくきの間につぼみがつきます。この花のつき方を「節《ふし》なり」といいます。花が開いて受粉《じゅふん》すると、実になります。

毎日一センチメートルほどのびて、七日間で七センチメートルくらいになった果実《かじつ》を収穫《しゅうかく》します。

頭はどっち!?

最後《さいご》に質問《しつもん》です。オクラはどっちが頭だかわかりますか?

答えはくきについている方が頭で、細くとがっている方がおしりです。これはオクラにかぎらず、どの種類でも同じです。トマトのつき方を思い出してください。先のとがっている方がおしりで、植物の体についている方が頭でしたね。どうやらオクラは、さか立ちが得意《とくい》なようです。

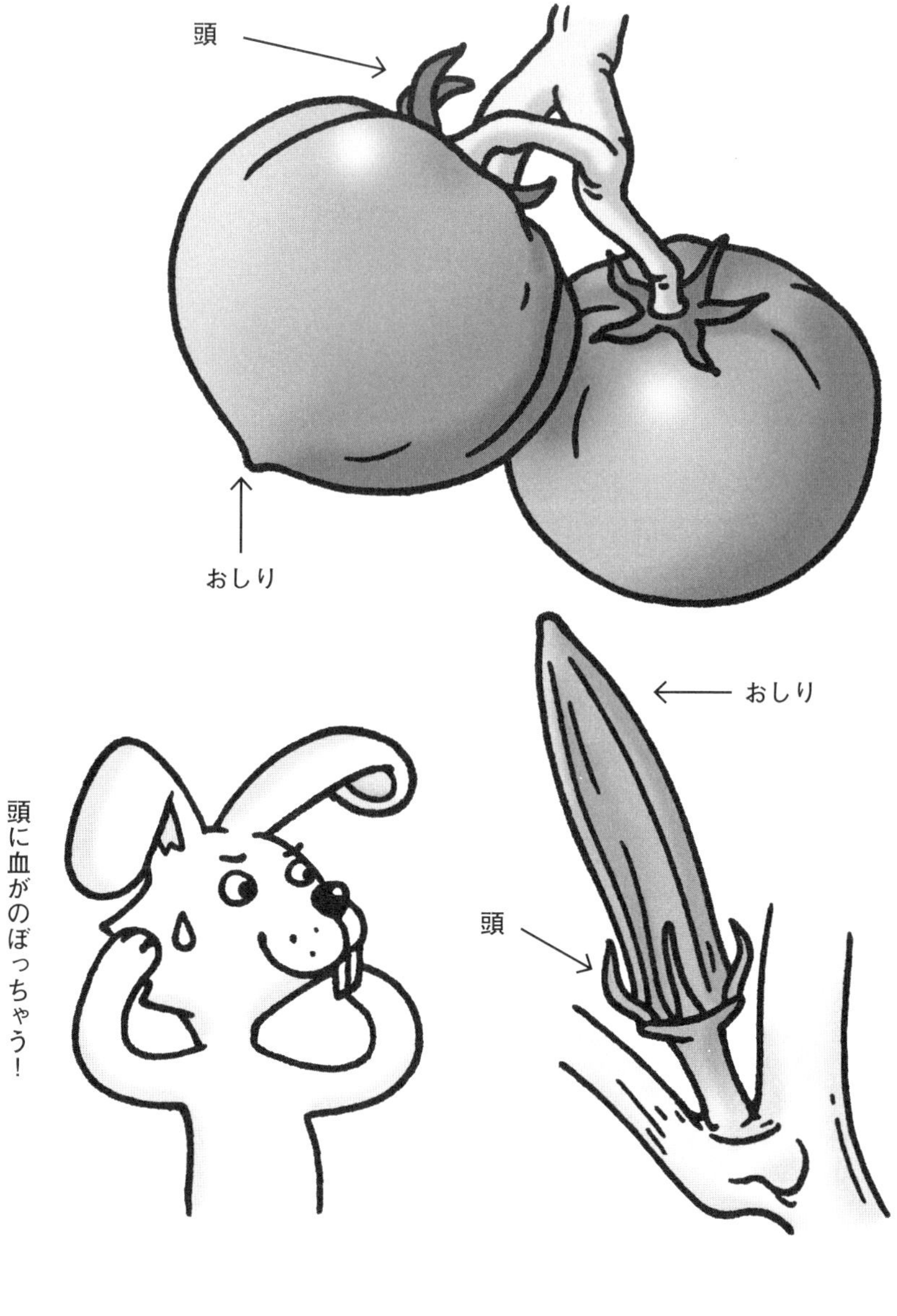
頭
おしり
おしり
頭に血がのぼっちゃう！
頭

ラッカセイはどこになる?

「ラッカセイ」って、漢字にするとどういう字を書くのでしょう?　「落下星」?　それとも「落果世」?

正解《せいかい》は、「落花生」。すなわち、花がさいた後に落ちて地中にもぐり、そこで実を作るのです。ラッカセイは枝《えだ》にできるのではなく、土の中にできるのです。

実になるまで

花は地上でさくのに、いったいどうやって土の中で実を作るのか、気になりますよね。

まず、ラッカセイは、土に種《たね》をまきます。すると芽《め》が出て、ふた葉が開き、本葉が出てきます。本葉が出ると、花がさきます。黄色の、まぶしいばかりの花です。そして花粉《かふん》が出て、受粉すると花をとじます。

その一週間後、しぼんだ花の子房《しぼう》の先たん（「子房柄《しぼうへい》」といいます）が、地面に向かってのびていきます。ずーっとのびていって、しまいに土にささります。そしてそこに、実を作るというわけです。

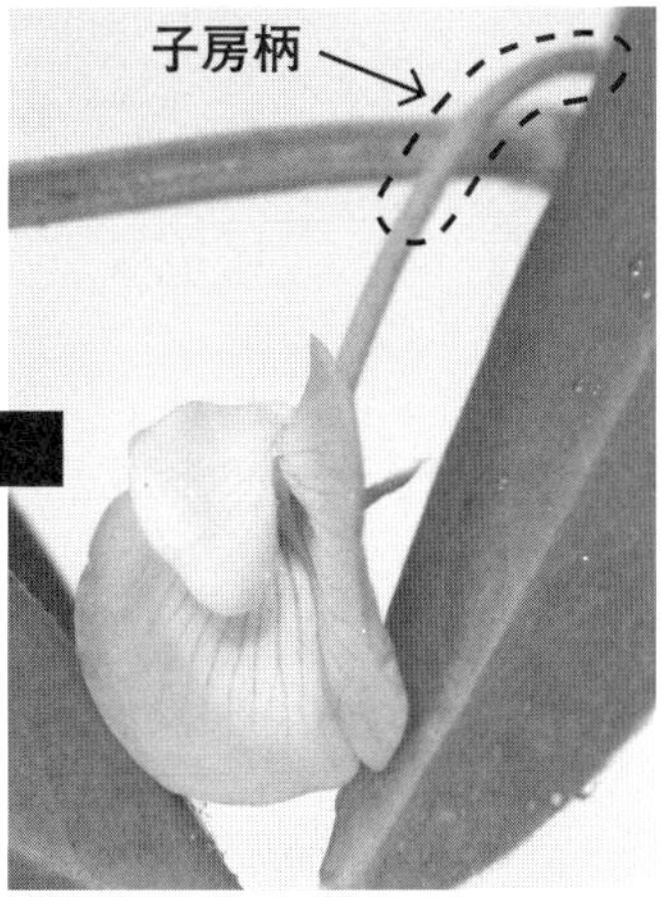

上を向いてさいていた花は、やがてしぼみます。すると子房柄（点線の部分）がのびて、土にささります。

ラッカセイは、水はけがよく、やわらかい土を好《この》みます。土の中に入ってから収穫《しゅうかく》できるまでには、七〇~八〇日かかります。

ここで問題になるのが、なぜ土の中にできるのかということです。

いろいろな説《せつ》がありますが、一つには、ラッカセイがあまりにもおいしいので、動物などの害《がい》を受けやすい。そこで、土の中にもぐって種子《しゅし》を作った方が子孫《しそん》を残《のこ》すのには有利《ゆうり》だ、というもの。もう一つは、ラッカセイが大きくなるためには、暗い場所と土の圧力《あつりょく》、さらに水分でほごしないといけない、というものです。

しかし残念《ざんねん》ながら、はっきりとしたことはわかっていません。本当のところはどうなのでしょうね。

種子を守るさやの話

ラッカセイのつくりを見てみましょう。ラッカセイは土の中で呼吸《こきゅう》するために、さやがあみ目状《じょう》になっていて、種子を守っています。

それには、こんな話があります。

あるとき、南アメリカのラッカセイを植えた土地に、大水が来て、土ごとラッカセイを流してしまいました。

しかし、ラッカセイはさやに守られていたので、水にしずむこともなく、ぷかぷかぷかとういていました。

そして、岸辺《きしべ》につくとそこで発芽《はつが》し、生育の場所を広げていったそうです。

これは、さやが種子を守っていることのあかしになると思いませんか？

番外編《へん》

菌で育つ!? おかしなシイタケ

八百屋の店先やスーパーのやさい売り場には、キノコもならんでいます。キノコをよく見ると、ぼうしをかぶったようなおかしなかたちをしていますよね。中でもシイタケは、東アジア（中国、韓国《かんこく》、日本など）で食用として栽培《さいばい》されていて、日本では食卓《しょくたく》に上る回数の多いキノコです。

わたしたちはキノコをよく食べますね。せっかくなので、このキノコについても、少ししょうかいしたいと思います。

さて、シイタケに話をもどしますが、どうやって作られているのかわかりますか？　森の木の根元に生えている？　たしかに木に関係《かんけい》していますが、実はちょっと変《か》わった栽培方法《ほうほう》なんです。

大切なのは「菌《きん》」

シイタケはおもに、クヌギなどのかれ木にくっついて生えます。短い円柱形のえに、かさを開きます。

日本では古くからシイタケがとれましたが、長い間、栽培はできませんでした。ようやく、二〇世紀《せいき》になって人工栽培に成功《せいこう》し、今では、原木栽培と菌床《きんしょう》栽培の二つが主流となっています。

原木栽培は、直径《ちょっけい》一〇～二〇センチメートルの太さの木を長さ一～一・二メートルに切り、なんとここに「シイタケ菌《きん》（種駒《たねこま》）」を打ちこみます。

まず、ドリルで原木にあなを開けます。「種駒」とは、小さな木のかけらにシイタケ菌《きん》を繁殖《はんしょく》させたもので、専門《せんもん》のメーカーで生産《せいさん》されています。この種駒《たねこま》をあなに差《さ》しこみ、金づちなどで打ちつけます。

種駒を打ちつけた原木を「ほだ木」とよびます。シイタケは湿度《しつど》の高い場所を好《この》むので、ほだ木に水をかけてふせていきます。そうすると、一年半後からシイタケがとれはじめ、三～四年間は収穫《しゅうかく》しつづけることができます。

また、菌床栽培《きんしょうさいばい》は、おがくずにぬかや水を足して固《かた》めたものに、シイタケ菌を植えつけて、湿度や温度を調節《ちょうせつ》できるハウスで育てます。こちらの方法《ほうほう》は家庭でもかんたんに育てられるとあって、さまざまなキットも売られています。インターネットなどでさがすとすぐに見つかりますから、自分で育てて収穫してみるとおもしろいですよ。

撮影協力　村田椎茸園

ハウスでの菌床栽培の様子。たなに、ぎっしりとシイタケがならんでいます。100ページの写真は原木栽培。

5 名前のなぞ

タケノコの「すべて」は漢字に

春に出てくる「モウソウチク（孟宗竹）」のタケノコは、大きくて、とったときに「おう、やったね」と、思わず一言出てしまうタケノコです。その後に出てくる「マダケ（真竹）」のタケノコは、それほど大きくありませんが、いためて食べると、とてもおいしいものです。

漢字の由来

タケノコを漢字でどう書くか、知っていますか？

「筍」「竹の子」とも書き、その由来は成長《せいちょう》の様子にあります。

タケは、いっぱんてきに地下茎《ちかけい》でふえますが、春先にその地下茎から芽《め》を出します。そのスピードはとても速く、一日に一メートル近くものびるといわれています。このように、のびるのがとても速いことから、「筍」という字は、「竹」かんむりに、「一〇日間」を意味する「旬《しゅん》」と書いて、成長の速さを表しているのです。

ぐんぐんのびるわけ

この成長のスピードのひみつは、どこにあるのでしょうか。

タケノコの場合は節《ふし》と節の間がのびるわけですが、そこにたくさんの成長点があり、それが細胞分裂《さいぼうぶんれつ》して、一気にのびているのです。ですから、一日に一メートルといわれるほど、成長《せいちょう》が早いのです。

さらにもう一つひみつがあって、タケノコにふくまれるジベレリンという成長《せいちょう》ホルモンには、細胞《さいぼう》をしげきして、成長を早める作用があります。

おいしい時期はあっという間

「旬《しゅん》」という字からもわかるように、一〇日間くらいしかおいしい時期がありません。この貴重《きちょう》なタケノコをどのようにして食べたら、よりおいしく味わえるかを教えましょう。

選《えら》ぶときのポイントは、太めで短く、ずんぐりしたものがいいでしょう。皮の色がうすくて、先が黄色だと、食べごろです。

さらに大事なのは、とった後のあくぬきです。タケノコは、とった直後からえぐみがふえてくるので、できるだけ早くあくぬきをします。あくぬきは、なべに水と米ぬかとトウガラシを入れて、ゆでるのがいっぱんてきです。あくをぬいたものは、土佐煮《とさに》や若竹煮《わかたけに》、さらには天ぷらなどにして食べましょう。タケノコご飯もいいですね。
どういう食べ方にしろ、「旬」なだけに、早く食べなければいけないですよ。

「冬瓜《とうがん》」だけど旬《しゅん》は夏

「冬瓜」って聞いたことはありますか？　ウリ科のやさいの中で、もっとも大きなものです。成分《せいぶん》の九六パーセントが水分なので、味はあまりないのですが、煮物《にもの》、あんかけ、スープや蒸《む》し物に利用《りよう》されています。また、わかい葉やつるをいため物に利用することもあります。

「冬」と書くけれど……

名前とは大きくことなり、実のところ夏のやさいで、七～八月に収穫《しゅうかく》されます。実が大きく、太さが二〇～三〇センチメートル、長さが八〇センチメートルくらいのものもあります。

この大きさですから、ちょっとまちがうと、収穫のときにたいへんなことになります。わたしも最初《さいしょ》のころ、これぐらいなら持てるだろうとたかをくくり、いざ持ってみてその重さにびっくりして、こしをいためてしまったことを思い出します。重かったなあって、今でも思っています。

この「冬瓜」という名前ですが、冷暗所に保存《ほぞん》しておくと、冬になっても十分食べられることから、こういわれています。すなわち、カボチャよりも長持ちするということですね。

体にいいことたくさん

成分《せいぶん》について、少しお話ししましょう。

冬瓜《とうがん》はカリウムを多くふくんでいて、ナトリウムを体の外に出し、血圧《けつあつ》を下げる効果《こうか》があります。また、ビタミンCも多く、はだの健康《けんこう》をたもったり、かぜに対する抵抗力《ていこうりょく》を強めたりします。しかし、なんといっても、全体の九〇パーセント以上《いじょう》を水分がしめているので、体内の水分量《りょう》をふやしたり、むくみを解消《かいしょう》したりするのに役立ちます。

太古の遺跡《いせき》からも

ウリ科やさいは、かなり古くから南九州や沖縄《おきなわ》などで栽培《さいばい》されてきました。中でも、大きさでは冬瓜《とうがん》に引けを取らないユウガオは、縄文《じょうもん》時代や弥生《やよい》時代の遺跡からも出てきており、栽培の記録《きろく》もすでに一〇〇〇年ほど前の書物にきちんと記されています。シロウリ、ヘチマ、ゴーヤーも栽培の歴史《れきし》が古いようです。これらは、古くから日本の食をささえてきたものといえます。

マメちしき　なにかとなにかを足すと……

品種改良《ひんしゅかいりょう》は、同じ種類《しゅるい》の中から組み合わせたり、べつの品種どうしをかけ合わせたりして新しいやさいを作ります。

たとえば、ハクサイとキャベツ（カンラン）を組み合わせた「ハクラン」。生で食べても、煮《に》ても、いためても、漬物《つけもの》にしてもおいしいという特質《とくしつ》を持ちました。ただ、種子の発《はっ》芽《が》が悪いこと、結球率《けっきゅうりつ》が低《ひく》いこと、害虫《がいちゅう》に弱かったことなどが問題となり、あまり広まりませんでした。

ほかにも、ジャガイモ（ポテト）とトマトをかけ合わせた「ポマト」、カボチャとメロンをかけ合わせた「メロチャ」などがありますが、かけ合わせはうまくいっても、残念《ざんねん》ながらおいしい実はできませんでした。

3

やさい史《し》をさぐる

いつごろから食べられているの？

やさいは、いつごろから食べられてきたのかを考えてみたいと思います。日本人が稲作《いなさく》をはじめたのは縄文《じょうもん》時代の後期《こうき》、およそ四〇〇〇年前のことでした。北九州地方で起こった「米の栽培《さいばい》」により、人々《ひとびと》はそれまでの移住《いじゅう》生活から定住するようになりました。最初《さいしょ》のころは、米のからなどをつけたまま煮《に》ていましたが、やがて「蒸《む》す」という調理法《ちょうりほう》が伝《つた》わり、そのうちに「たく」という現在《げんざい》の方法に変《か》わっていきました。

このころでしょうか、はじめてやさいを食べたのは。さらに、そのやさいを「おかず」として調理するようになったのは、今から一五〇〇～一七〇〇年ほど前からではないかと思われます。その後、平安時代、鎌倉《かまくら》時代、室町《むろまち》時代、江戸《えど》時代と変わりましたが、やさいをさらにもり、「料理《りょうり》」として食べはじめた記録《きろく》があるのは、平安時代ごろだと思います。

世界には、なん種類《しゅるい》のやさいがあるのか

今、日本では一五〇種類のやさいが作られています。その中には、外国から入ってきたものがたくさんありましたね。

それでは、世界にはいったいなん種類のやさいがあるのでしょう？ 元農林水産省野菜試験場《のうりんすいさんしょうやさいしけんじょう》長の西貞夫《にしさだお》さん（一九二二―）は、世界のやさいの数を、およそ八六〇種だとのべています。おもなものは、双子葉類《そうしようるい》（最初に出る「子葉」という葉が二まいあるもの）が五八科、約《やく》六二〇種類、単子《たんし》葉類（子葉が一まいしかないもの）は二〇科、二一三種類です。

これをさらにこまかく見ると、双子葉類はマメ科六八種類、アブラナ科六四種類、ナス科六三種類、ウリ科五七種類、キク科五七種類などで、単子

葉類はユリ科五〇種類《しゅるい》、イネ科四〇種類、ヤマノイモ科二六種類、サトイモ科二二種類などとなっています。

例外的《れいがいてき》にミカン科、ヤシ科などの木本《もくほん》植物（木のこと）がいくつかと、欧米《おうべい》で利用《りよう》の多い三一科一四九種類の香辛料《こうしんりょう》類（ハーブ類）もふくまれていますす。ですから、八六〇種類ものやさいを覚《おぼ》えることはたいへんです。

日本生まれはなん種類？

それでは、これらのうち日本生まれのやさいには、どのようなものがあるのでしょうか。

実のところ、日本が原産地《げんさんち》のものはあまり多くありません。フキ、ゴボウ、アザミ、セリ、ミツバ、ウド、ハマボウフウ、タデ、ツルナ、ジュンサイ、アサツキ、ミョウガ、サンショウ、キノコ類（マッシュルーム以外《いがい》）、ワサビ、ヤマイモ、ユリ、ヒシ、マコモ、クロクワイ、ヒユ、カンゾウ、クコ、オニバスなどの二五種類ほどです。もちろん、これらのうちには、セリ、ジュンサイ、アサツキ、ミョウガ、サンショウ、ヤマイモ、ユリ、キノコなどのように、中国、あるいは広く東アジアと共通《きょうつう》の原産地のものもあります。

これらを見てみると、今ではあまり使われないものがあることに気づきます。ゴボウアザミ、タデ、マコモ、カンゾウ、クコ、オニバスなどは、今のわたしたちの献立《こんだて》には、なかなか出てきません。

ところが、それとは反対に、「山菜《さんさい》」としてよく使われているものもあります。たとえば、フキ。フキは春先から各地《かくち》で食べられるやさいです。フキの利用方法《ほうほう》は、おもに二つあります。

一つは、開花前のとう立ちしていないフキノトウを、天ぷらや煮物《にもの》などにする方法です。もう一つは、フキの葉柄《ようへい》のあくをぬいて、煮物やいため物などにする方法です。どちらも、今では山菜として使われていますが、「やさい」としては売られていません。

ヒシも同じです。ヒシは、種子《しゅし》が「ひしがた」のようなので、こうよばれています。実をゆでたり、蒸《む》したりして、クリのように利用《りよう》します。ハマボウフウも同じです。セリ科ハマボウフウ属《ぞく》の一種で、海岸に自生しています。新芽《しんめ》を天ぷらや酢《す》みそあえなどにします。

これらからもわかるように、日本を原産地《げんさんち》とするやさいは、山や原っぱ、海岸に自生していた植物のうち、食べられそうなものを選《えら》んできたといえるのではないかと思います。

これがヒシの実。なっているときは緑色ですが、時間がたつと黒っぽくなります。からをむくと、中にひしがたの白い果肉《かにく》があります。

旅するやさい

日本原産のやさいは二五種類《しゅるい》くらいでしたが、

現在《げんざい》、日本で食べられているやさいの数は、一〇〇種類以上《いじょう》にもなります。これらのやさいは、いつ、どうやって日本に来たのでしょうか？

「やさいが自分で歩いてきた」、そんなわけはありませんね。植物、いや、やさいに足はありません。古く日本という国にやって来た人間が、また日本から旅に出てもどってきた僧《そう》や役人が、種子《しゅし》や苗《なえ》を運んできたと考えます。そうやって、日本の国にやさいがふえてきたのです。それでは、時代ごとにふり返ってみましょう。

①縄文《じょうもん》、弥生《やよい》時代〜一〇世紀《せいき》ごろまで：マクワウリ、トウガンなどのウリ類、ダイコン、カブ、カラシナなどのアブラナ類、ニンニク、ニラ、ラッキョウなどのネギ類のほかサトイモ、コンニャクイモ、ショウガ、ゴマ、シソなど約《やく》五〇種類が入ってきました。古墳《こふん》時代にはナス、キュウリ、ササゲ、ネギ、ハスなどがあったと考えられています。

②一三〜一六世紀《せいき》：新たに約一二種類が入ってきました。おもなものはカ

ボチャ、トウガラシ、ジャガイモ、サツマイモ、ホウレンソウ、ニンジン、ソラマメ、スイカなどです。

③一七～一九世紀《せいき》の前半：アスパラガス、キャベツ、パセリ、シュンギク、タマネギ、ビート、イチゴなど約《やく》三一種類《しゅるい》がヨーロッパから新しく加《くわ》わります。中国からは、ハクサイやモウソウチクなどが入りました。

④一九世紀後半以降《いこう》（明治《めいじ》以降）：ブロッコリー、カリフラワー、モロヘイヤ、クウシンサイなど一〇種類のやさいが入りました。

このように日本には、いろんなやさいが入ってきました。ほかでも話したように、やさいの広まりを語るうえで欠《か》かせないのがコロンブスです。彼《かれ》は、アメリカ大陸《たいりく》から多くの作物をヨーロッパへ持ち帰り、世界へ広げました。それにより人々《ひとびと》の暮《く》らしは大きく変《か》わりました。とくにジャガイモは、フランスやドイツに伝わって人々を飢饉《ききん》から救《すく》ったことで知られています。

日本でやさいの広まりに関《かか》わった人物の一人が青木昆陽《あおきこんよう》（一六九八―

一七六九）です。江戸《えど》時代の蘭学者《らんがくしゃ》※1で、「甘藷《かんしょ》（サツマイモ）先生」とよばれています。当時、江戸の町はたび重なる冷害《れいがい》や大商人による米相場のそうさなどで、人々の生活はとても苦しいものでした。その中、八代将軍吉宗《しょうぐんよしむね》※2に命じられ、青木昆陽は琉球《りゅうきゅう》や長崎《ながさき》に伝わっていたサツマイモの栽培《さいばい》に成功《せいこう》します。このおかげで、天明の大飢饉※3では多くの命が救われたといわれています。

「園芸《えんげい》の父」とよばれた男たち

彼らのほかにも、園芸や農業の父とよばれ、やさいの広まりに貢献《こうけん》した人は何人もいます。わたしが注目する三人をしょうかいしましょう。

まずはルーサー・バーバンク（一八四九―一九二六）。アメリカの園芸家であり、育種家としても知られています。実に多くの作物の改良《かいりょう》に取り組み、成功しました。とくに、とげのないサボテンとバーバンク・ポテト（ジャガイモ）は有名です。彼の話した言葉は、「植物こそ無限《むげん》の宝庫《ほうこ》」として今に

伝わっています。

ウ・ジャンチュン（一八九八－一九五九）は韓国《かんこく》の農学博士《はかせ》であり、育種家《いくしゅか》でもあります。韓国人の父と日本人の母の間に生まれ、日本で育ちました。アブラナ科の育種を研究《けんきゅう》し、中でもハクサイとダイコンは、寒さや害虫《がいちゅう》に強くておいしい品種を作ることに成功《せいこう》しています。

イヴァン・ミチューリン（一八五五－一九三五）はロシアの園芸《えんげい》品種の育種家で、次々《つぎつぎ》に品種を作りました。彼《かれ》の生み出した栄養接木雑種法《えいようつぎきざっしゅほう》※4、混合花《こんごうか》粉受粉《ふんじゅふん》法※5などは、現在《げんざい》でもすばらしい農業技術《ぎじゅつ》として知られています。

※1蘭学者《らんがくしゃ》　オランダ語の書物で西洋の学問を勉強する人。　※2吉宗《よしむね》　江戸幕府《えどばくふ》の第八代将軍《しょうぐん》であった徳川《とくがわ》吉宗のこと。

※3天命の大飢饉《ききん》　一七八二年から五年間つづいた飢《う》え。　※4栄養接木雑種法　二種類《しゅるい》の植物をつなぎ合わせて、つないだ方と交配《こうはい》すること。

※5混合花粉受粉法　近い品種の花粉をまぜて受粉をさせて、雑種を作りやすくする方法。

マメちしき　キュウリ好《ず》きな楊貴妃《ようきひ》

楊貴妃といえば、クレオパトラ、小野小町《おののこまち》とならんで「世界三大美人」とうたわれる中国の唐《とう》の時代のきさきです。かのじょは、果物《くだもの》のレイシが好物《こうぶつ》で、華南《かなん》から都のある長安《ちょうあん》まで運ばせていたことは有名な話です。果物のビタミンCは、血行をよくしたり、はだを白くしたりする効果《こうか》が知られていました。

しかし、楊貴妃には、もう一つ好きなものがありました。キュウリです。キュウリが大好物だったのです。キュウリは、水分が豊富《ほうふ》（九五〜九六パーセント）で、はだにうるおいを持たせる成分があることを知っていたのです。

キュウリを一年中食べたいと言う楊貴妃のために、それまでの栽培《さいばい》方法を大きく変《か》える方法が考案《こうあん》されました。家の部屋のかた側《がわ》で火をたいて温め、もう一つの部屋でキュウリを栽培したのです。この栽培方法は「火室《かしつ》」とよばれ、現在《げんざい》のビニール栽培やガラス温室栽培の先がけというべきものでした。それにしても、楊貴妃はなんとわがままなんでしょうね。

いいやさいを作る条件《じょうけん》

やさいを作るときには、種子《しゅし》や苗《なえ》のほかにも大切なものがあります。それは土です。土がよければいいやさいができるし、土が悪ければ失敗《しっぱい》することもあります。

では、よい土とはどんな土をいうのでしょうか。

よい土には、いくつかの条件があります。一つ目は、水はけがいい土です。水はけが悪いと根がくさってしまったり、生育が悪くなったりします。

二つ目は、水持ちのいい土です。水はけがいい土と正反対の条件ですが、これも大事です。水持ちがあるていどよくないと土がかわきやすく、生育がかえって悪くなってしまいます。この二つの条件をクリアするためには、たい肥《ひ》や腐葉土《ふようど》などの肥料《ひりょう》をまぜることです。

三つ目は、正しい土壌酸度《どじょうさんど》※1です。ほとんどのやさいはピーエイチ六・〇〜六・五がてきしたはんいですから、六・〇以下《いか》の場合は石灰《せっかい》を入れて酸度《さんど》を調整《ちょうせい》する必要《ひつよう》があります。

四つ目は、養分《ようぶん》や水分が十分にある土です。植えてから植物が黄色になったり、かれてしまったりする土はよくありません。そんなときは肥料《ひりょう》をあたえます。

こういった条件をそなえた土にしてから、栽培《さいばい》に入ります。

農薬の話

栽培の方法は、農薬や化学肥料の使用によって四つに分けられます。少しむずかしいのですが、しょうかいします。

①**有機栽培**：有機栽培とは、果樹《かじゅ》などの「多年生植物」（二年以上にわたっ

て生育する植物）では三年間、イネやさいなどの「一年生植物」（春発芽《はつが》し、夏から秋にかけて花を開いて実をつけ、その年のうちにかれる植物）では二年間、土に化学肥料《ひりょう》や化学農薬を使用していない畑で、化学肥料や化学農薬などを使わないで土作りをして、栽培《さいばい》することです。

また、そうしてできたものを「有機農産物《ゆうきのうさんぶつ》」といいます。有機農産物と表示《ひょうじ》して売るためには、国がみとめた登録認定機関《とうろくにんていきかん》[※2]による有機JAS《ジャス》[※3]認《にん》定《てい》を取得《しゅとく》する必要《ひつよう》があります。これは、一番むずかしく、たいへんな努《ど》力《りょく》と工夫《くふう》が必要な栽培法《ほう》でもあります。日本の有機栽培の生産物は、全体の農産物の一パーセントくらいですが、これがもっとも安全で、安心な栽培方法だといえるでしょう。有機農産物の特徴《とくちょう》として、価格《かかく》が高いということがあげられます。

②無農薬栽培：無農薬栽培とは、使う肥料は化学肥料でも、有機肥料でもいいのですが、虫害《ちゅうがい》や病害に化学農薬をいっさい使用しない栽培方法で

無農薬栽培

有機栽培

慣行《かんこう》栽培

減農薬栽培

す。これは有機栽培《ゆうきさいばい》の次にむずかしく、美しい商品をそろえることがたいへんです。わたしはこの方法《ほうほう》でジャガイモ、タマネギ、ニンジンなどを作ったことがあります。

③減農薬栽培《げんのうやくさいばい》：肥料《ひりょう》は、化学肥料や有機肥料などを使い、農薬は病害《びょうがい》や虫害には、ふつうよりも回数をへらして栽培する方法《ほうほう》です。つまり、④慣行《かんこう》栽培よりも少ない農薬量《りょう》で作るということになります。また、農薬の種類《しゅるい》や毒性《どくせい》に注目し、強いものはなるべく使用しないようにします。の農薬の基準《きじゅん》は、④とくらべて、およそ五〇パーセントへらしておけば、「減農薬」といえます。たとえば農薬使用量が二～三回のホウレンソウの場合、一回までなら減農薬といえます。

④慣行栽培：農薬や化学肥料を使う、ふつうの栽培方法のことです。農薬は、その農産物を栽培している地域《ちいき》で、いっぱんてきに使用されるものを使い、農薬の使用回数などをしっかりと守る必要《ひつよう》があります。また肥

料は、いっぱんてきに使用される化学肥料を使います。この方法については、各都道府県《かくとどうふけん》のやさい栽培法などを参考《さんこう》にします。

新しい品種《ひんしゅ》、ぞくぞく登場

毎年四~五月になると、種苗店《しゅびょうてん》やホームセンターの園芸《えんげい》コーナーなどは、ところせましとならべられたやさいの苗《なえ》でいっぱいとなり、その周《まわ》りには大勢《おおぜい》のお客さんがおしかけてきます。園芸ブームの影響《えいきょう》もあり、こんな風景《ふうけい》が、ここ数年つづいています。

トマト、キュウリ、ナス、ピーマン、カボチャ、スイカ、トウモロコシ、エダマメ、オクラなど、いろんなやさいの苗が作られ、売られるようになってきました。まさに、やさいのオンパレードです。これらの苗の品種には、昔から作られてきた定番の品種をはじめ、最近《さいきん》作られた新しい品種も多くあります。

トマトを例《れい》に見ると、その品種《ひんしゅ》数は数え切れないほどあり、まるでトマト戦争《せんそう》といってもいいほどです。今は、かつての「桃太郎《ももたろう》」のように市場の八五パーセント以上《いじょう》をしめる品種はなく、いろんな品種が入りみだれていきます。ミニトマトでとくに有名なのは、「アイコ」です。発売から三年ほどたった二〇〇四年から売れはじめ、人気に火がついて、一時は苗《なえ》や種《たね》まで全部売れてしまったという、おいしい品種です。

ほかにも、キュウリは食感をよくした品種や、いぼがない品種が登場しています。カボチャは、植えて育てやすいミニの品種がだいぶ多くなってきていて、せまい面積《めんせき》で立体的《てき》に作る栽培方法《さいばいほうほう》などが考えられています。ピーマンでは、「子どもピーマン」といって、苦みのない、子どもでも食べられるピーマンが出てきています。

ここには書ききれませんが、日々《ひび》、実に多くの種類《しゅるい》で新品種がたん生していきます。そして、きっとこれからもまだまだたくさんの新品種が作られることでしょう。もしかしたら、その研究にたずさわるのは、みなさんかもしれませんね。

※1土壌酸度《どじょうさんど》　土の酸度。ピーエイチ（ｐＨ）で表す。土が酸性《さんせい》になると、根がいたんだり、養分《ようぶん》の吸収《きゅうしゅう》がさまたげられたりして生育が悪くなる。

※2登録認定機関《とうろくにんていきかん》　農林水産大臣《だいじん》に登録された第三者機関のこと。

※3有機《ゆうき》ＪＡＳ《ジャス》認定《にんてい》　有機食品だとみとめられたもの。「有機ＪＡＳマーク」がないものに、「有機」「オーガニック」などと表示《ひょうじ》してはいけない。

やさいはおいしい!

これまで、やさいのさまざまな特徴《とくちょう》や意外な性質《せいしつ》、びっくりするようなちしきについて学んできました。これらを、たしかに自分の身につけてください。そして、ふしぎに思うことがあれば、ほかの本を使って調べてみてください。そうすることでまた、どんどん新たなちしきがふえてくるでしょう。

やさいのちしきを得《え》るということ、それは人生の勉強にもなるのです。

今、わかい人たちに欠《か》けているものは、なんだと思いますか?

わたしは、植物を育て、その苦労《くろう》を知るということではなかろうかと思います。今、スーパーや八百屋には、季節《きせつ》を問わず、たくさんのやさいがならんでいます。すでにカットされたり、加工《かこう》されたりしていて、本当のかたちがわからないものもあります。

やさいを育てるということは、本来、実にたいへんなことなのです。やさい作りは種《たね》や苗《なえ》を植えることからはじめます。でも、植えるだけではだめなのです。これからが問題なのです。水やり、草とり、追肥《ついひ》、土よせなどの作業のほかに、虫や病気に対する対策《たいさく》も必要《ひつよう》です。人のいやがる農薬の散布《さんぷ》や、農家がやっているつらくきびしい仕事などにふれることで、はじめてやさいのありがたみを知ることができると思います。

そうして作ったやさいを料理《りょうり》して食べてみましょう。自分一人ではむずかしかったら、お父さん、お母さんの助けを借《か》りてもいいですよ。すると、自分で作ったやさいのおいしさに本当に感動することでしょう。

感動するだけではありません。自分で作ったやさいにみりょくを感じ、また自分で作ってみようという目標《もくひょう》ができます。そうすればどんどん作りたい種類《しゅるい》はふえていきます。自分の調理するメニューも、自然《しぜん》にふえていきます。

また、作った料理《りょうり》は家族でいっしょに楽しみましょう。お父さん、お母さん、お兄ちゃん、お姉ちゃん、弟、妹、おじいちゃんやおばあちゃんも。みんなといっしょに食べることで、さらに楽しみがふえますよ。食べ終わったら、かたづけもいっしょに行いましょう。そうすれば、種《たね》まきから食事のかたづけまで、全部自分でこなしたことになります。実にすばらしいことではないですか。

真っ赤に熟《じゅく》したトマトの色、とれたてのキュウリのみずみずしさ、ナスをとったときの感動、トウモロコシをむいてつぶが見えたときの喜《よろこ》びなど、すべてのことで自分自身をほこりに感じるはずです。これはなにものにも代えることのできない、本物の喜びです。その喜びに気づくことこそ、みなさんを一回り大きく成長《せいちょう》させます。

そして、思い出すことでしょう。自分自身で育てた、おいしいやさいを自分自身で料理して、食べたことを。

そう、やさいは本当においしいのです。みなさんも、やさいを作ってみませんか。

おわりに

この本を読んでみた感想はどうでしたか？　やさいって、みりょくに富《と》んだ植物だということに気がついてくれれば、わたしは大満足《だいまんぞく》です。

やさいには実におもしろい点がいっぱいありましたね。たとえば、収穫後《しゅうかく》、すぐに食べるとおいしいやさいは、なんでしょう？　「トマトやキュウリ、ナスかな」と答えたみなさん、正解《せいかい》です。たしかに、これらは収穫直後が一番おいしいのです。しんせんなやさいの味がわかります。

もう一つ質問《しつもん》です。収穫直後はあまりおいしくないのに、三～四週間くらいするとおいしくなるやさいはなんでしょう？

答えは、「サツマイモとカボチャ」です。サツマイモとカボチャは、食べる部分が炭水化物でしめられています。ところが、炭水化物のままではあまりあまくありません。炭水化物が糖《とう》に代わってこなければ、あまみはましませんでしたね（六八ページを読んでみてください）。つまり、三〜四週間そのままにして置《お》いておくと、炭水化物が糖に変化《へんか》して、あまくなりはじめるのです。

一度読んだからといっても、なかなか覚《おぼ》えきれないかもしれません。そんなときは、先生に聞いてみましょう。先生ならいろんなことを知っています。もっとくわしく書かれている本をすすめてくれたり、ホームページを教えてくれたりするかもしれません。そうしてたずねてみることが、先生とのコミュニケーションになり、さらにもっといろんなことに興味《きょうみ》を持つきっかけにもなります。

やさいの栽培《さいばい》は、台風による大風や水害《すいがい》、土砂《どしゃ》くずれ、地《ち》球温暖化《きゅうおんだんか》による気温の上昇《じょうしょう》、大雪などさまざまな天気や災害《さいがい》の影響《えいきょう》を受けます。しかし、わたしたちはそれらに負けずに種《たね》をまき、苗《なえ》を植えつづけています。そして、今、一〇月も末となり、ハクサイは見事な玉となり、ブロッコリーはつぼみをつけ、ダイコンは太ってきました。

みなさんもこの本を読んだらどうぞ、やさいの種まきをしたり、苗の植えつけをしたりしてみてください。やさいを栽培すると、今まで知らなかったいろんなことが見えてきますよ。

二〇一四年一〇月　藤田 智

おもな参考文献

『蔬菜園芸学』松本正雄ほか 著、朝倉書店 刊
『蔬菜園芸』松本正雄ほか 著、文永堂 刊
『生活と園芸　ガーデニング入門』松井 孝 編、玉川大学出版部 刊
『サラダ野菜の植物史』大場秀章 著、新潮社 刊
『野菜の日本史』青葉 高 著、八坂書房 刊
『野菜の博物誌』青葉 高 著、八坂書房 刊
『食材健康大事典　502品目1590種まいにちを楽しむ』五明紀春 監修、古川知子 料理、時事通信出版局 刊
『ＮＨＫ 趣味の園芸 やさいの時間５ Ｍａｙ 2010』日本放送出版協会（ＮＨＫ出版）

なお、栄養成分については二〇一四年現在のものです。

観察する

ダイコンのスプラウトとダイコンをくらべてみました。どの部分がどのように成長《せいちょう》するのでしょう？

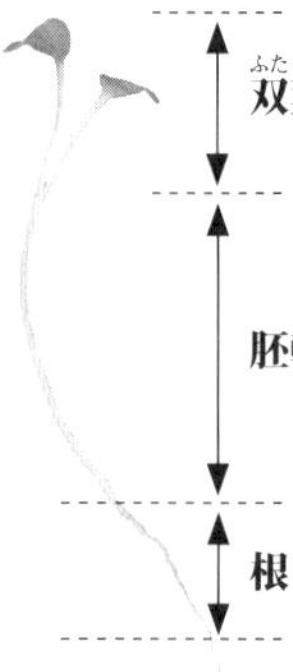

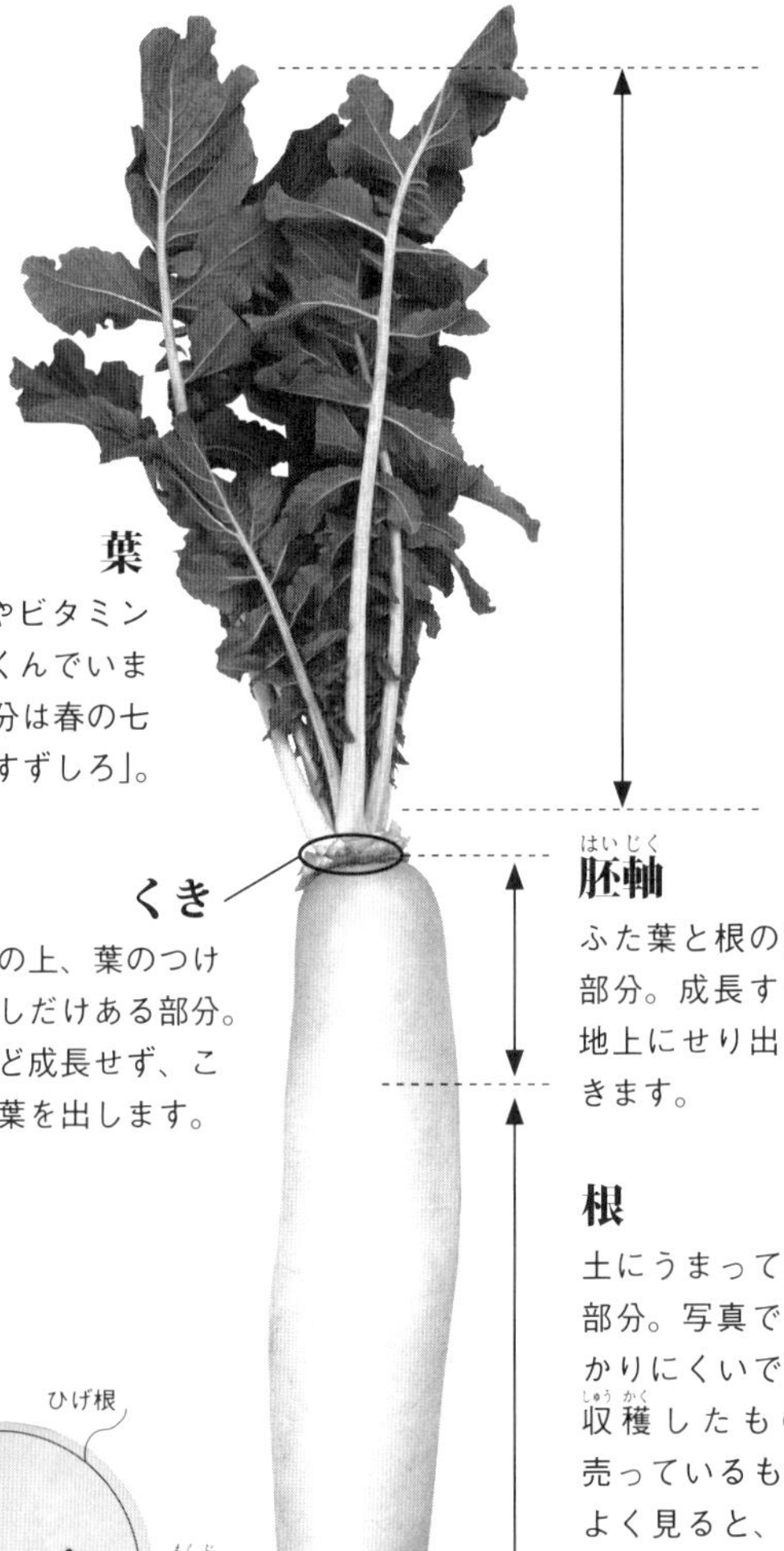

葉

ビタミンAやビタミンCを多くふくんでいます。葉の部分は春の七草でいう「すずしろ」。

くき

ふた葉《ば》の上、葉のつけ根に少しだけある部分。ほとんど成長せず、ここから葉を出します。

胚軸《はいじく》

ふた葉と根の間の部分。成長すると地上にせり出してきます。

根

土にうまっている部分。写真ではわかりにくいですが、収穫《しゅうかく》したものや売っているものをよく見ると、2列《れつ》にならんでひげ根がついていたあとが残《のこ》っています。

断面《だんめん》

輪切《わぎ》りにしたときに見える輪の部分を「形成層《けいせいそう》」といいます。この内側が細胞分裂《さいぼうぶんれつ》をくり返すことで、ダイコンは太くなっていきます。

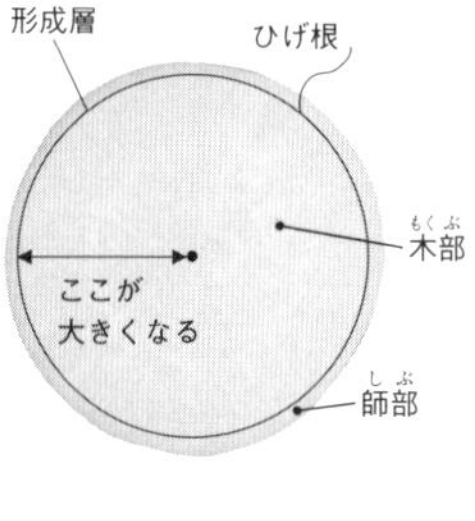

料理《りょうり》する

育てたスプラウトを料理してみましょう。サンドイッチにはさんだり、サラダにしたり。みそ汁《しる》やスープに入れても使えます。

育ててみよう・観察《かんさつ》しよう

かんたん！
おいしい！
スプラウト

育てる

スプラウトは、やさいやマメなどの新芽《しんめ》です。１週間から10日で収穫《しゅうかく》できます。

1 身近なものでかんたんにできます。容器《ようき》は、少し深さのある食器でもだいじょうぶ。

※スプラウト用の種《たね》は園芸《えんげい》センターなどで売っています。ここではブロッコリーのスプラウトを使っています。

2 種を容器に入れて、たっぷりと水をそそぎます。そのまま一晩《ひとばん》置きます。

3 水をふくませたキッチンペーパーを容器にしきます。茶こしを使って２の水をきり、種を容器にうつします。

4 スプーンを使って、種をならし、容器の上をアルミはくでおおいます。

5 皮がやぶれて発芽《はつが》がはじまります。きりふきで水をやりましょう。

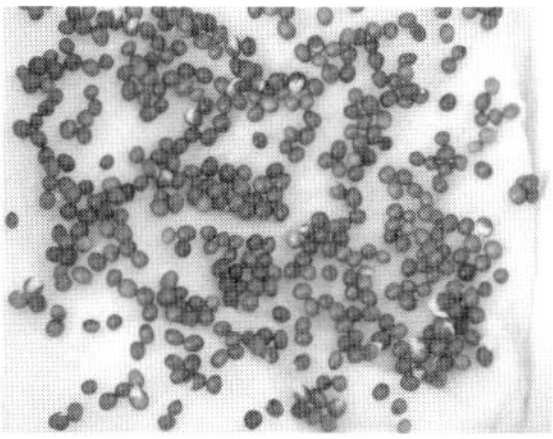

6 ４～５センチの長さにのびたらアルミはくを取り、日に当てて育てます。

【著者・画家紹介】

■著　者　藤田《ふじた》 智《さとし》

1959年生まれ。秋田県出身。岩手大学大学院修了。恵泉女学園大学人間社会学部現代社会学科教授。生活園芸および野菜園芸学を専門とし、家庭菜園や市民農園の指導普及活動を積極的に行っている。長年、NHKテレビ「趣味の園芸　やさいの時間」の講師を務める。著書に、『藤田智の菜園スタートbook』（NHK出版）など、監修に、『ベランダ畑』（家の光協会）など多数。

■イラスト　山村《やまむら》 ヒデト《ひでと》

1967年静岡県に生まれる。武蔵野美術大学空間演出デザイン科卒業。雑誌や書籍のイラストレーション、ルポルタージュの連載などを数多く手がける。2003年から2005年にかけてイラストレーション青山塾にて学ぶ。現在、イラストレーターズ通信会員。主な挿絵に『子ども大冒険ずかん タイムスリップ！ 江戸の町で大冒険』『大天狗先生の㊙妖怪学入門』（共に少年写真新聞社）などがある。

イ ラ ス ト　山村ヒデト

藤田 智のおもしろやさい学

どうしてトウモロコシには ひげがあるの？

2014年11月30日　初版第１刷発行
著　者　藤田 智
発行人　松本 恒
発行所　株式会社 少年写真新聞社
〒102-8232　東京都千代田区九段南４-７-16 市ヶ谷ＫＴビルⅠ
Tel（03）3264-2624　Fax（03）5276-7785
http://www.schoolpress.co.jp
印刷所　図書印刷株式会社

ISBN 978-4-87981-506-4　C8095 NDC626

ちしきのもり

『みんなが知りたい 放射線の話』 谷川勝至 文

『巨大地震をほり起こす
大地の警告を読みとくぼくたちの研究』 宍倉正展 文

『知ろう！ 再生可能エネルギー』 馬上丈司 文　倉阪秀史 監修

『500円玉の旅　お金の動きがわかる本』 泉 美智子 文

『はじめまして モグラくん
なぞにつつまれた小さなほ乳類』 川田伸一郎 文

『大天狗先生の㊙妖怪学入門』 富安陽子 文

『町工場のものづくり　－生きて、働いて、考える－』
小関智弘 文

『本について授業をはじめます』 永江 朗 文

以下、続刊

げました。

種《たね》まき　植えつけ　収穫《しゅうかく》

栽培時期《じき》の目安は「中間地」です。あたたかい土地や寒い土地で行うときは、時期をずらしてください。